100 x vegetarisch

Alltagstaugliche Rezepte

aus der grünen Küche

Ingeborg Pils

100 x vegetarisch

Alltagstaugliche Rezepte
aus der grünen Küche

Fotografie und Foodstyling
Joerg Lehmann

kneipp verlag
WIEN

Inhalt

Veggiedays

Ein Vorwort

Wer sich heute dafür entscheidet, Fleisch und Fisch nicht mehr zu essen, tut dies nicht aus Zwang, sondern aus Überzeugung. Nicht nur, weil es gut für die Gesundheit und die Umwelt ist, sondern auch, weil die vegetarische Küche Spaß macht und den kulinarischen Horizont erweitert.

Doch ein Blick in alte Kochbücher zeigt: Ganz so neu ist die Idee, Fleisch seltener auf den Tisch zu bringen, nicht. Für die Menschen des Mittelalters galten beispielsweise nach den Regeln der katholischen Kirche rund 130 fleischlose Fastentage. Bis ins 16. Jahrhundert waren zudem während der 40-tägigen Fastenzeit vor Ostern Butter, Milch, Käse und Eier ebenfalls tabu. Doch für den Großteil der Bevölkerung hatten diese Fastenregeln ohnehin nur marginale Bedeutung – sie ernährten sich aus der Not heraus vegetarisch.

Heute lässt das kreative Zusammenspiel von frischen Produkten, verschiedenen Aromen und überraschenden Gewürzkombinationen die Küchenklassiker aus Omas Küche ebenso in einem neuen Gewand erscheinen wie Gerichte aus fernen Ländern. In unserem Buch finden Sie eine solche Auswahl an fleischlosen Rezepten, die wir bewusst so zusammengestellt haben, dass hier keine Fleischersatzprodukte verwendet werden müssen. Sie werden also vergebens nach Tofuburgern, Sojaschnitzeln, Seitangulasch, Tempehsalat oder anderen Alternativprodukten suchen, die in Form und Geschmack Fleisch vortäuschen. Wir meinen, die bunte Welt der Gemüse ist so vielfältig und schmackhaft, dass sie sehr gut für sich alleine stehen kann.

Die Gretchenfrage, wie viel Fleisch der Mensch denn nun täglich oder wöchentlich oder gar nicht braucht, unterliegt wie so vieles in der Ernährungswissenschaft modischen Strömungen und grenzt manchmal ein wenig an Glaubensfragen. Tatsache ist aber, dass wir viermal so viel Fleisch essen wie unsere Vorfahren vor rund 160 Jahren, doppelt so viel wie vor 60 Jahren. Dafür ist in dieser Zeit der Konsum von alternativen Proteinquellen wie Hülsenfrüchten von 20 Kilogramm auf 500 Gramm jährlich zurückgegangen. So essen laut Statistik in Deutschland Männer im Durchschnitt etwa 160 und Frauen 80 Gramm Fleisch und Wurst täglich; hinzu kommen Fisch und Meerestiere. Damit werden die DGE-Empfehlungen eines maximalen Fleischverzehrs von 300 bis 600 Gramm wöchentlich deutlich überschritten, was sich nicht nur auf die individuelle Gesundheit nachteilig auswirkt. Dazu nur so viel: Eine Halbierung des durchschnittlichen Fleischkonsums in Deutschland würde genug Fläche freigeben, um die komplette Landwirtschaft auf ökologischen Anbau umstellen zu können.

Dabei sind gesunde, glückliche Tiere und eine gesunde Umwelt bei unseren heutigen Essgewohnheiten kaum möglich. Auch die ökologische Landwirtschaft allein ist kein Allheilmittel für die derzeitige Situation auf dem Fleischmarkt. So lange beispielsweise der jährliche Pro-Kopf-Verbrauch für Eier in der EU bei 223 Stück liegt, ist es müßig zu fordern, diese Eier dürften nur von auf Bauernhöfen frei herumlaufenden Hennen stammen. Und ein unverändert hoher Fleischkonsum lässt die Umweltprobleme – von der gefährlichen Gülle bis zum Treibhausgas Methan – weiter wachsen. Allein die derzeit 26 Millionen in Deutschland gehaltenen Schweine würden – artgerecht im Freien lebend – eine Fläche von der Größe des Bundeslandes Hessen in einen schlammigen Schweinepfuhl verwandeln.

Vom Fleischkonsum zum Fleischverzicht

Immer mehr Menschen entscheiden sich dafür, gänzlich auf Fleisch zu verzichten. Die Zahl der vegetarisch lebenden Menschen hat sich in Deutschland in den vergangenen zwei Jahrzehnten mehr als verzehnfacht. Der VEBU (Vegetarierbund Deutschland) geht derzeit von rund 7,8 Millionen Vegetariern und 900.000 Veganern in Deutschland aus. Doch auch unter der restlichen Bevölkerung wächst die Einsicht, dass weniger Fleisch mehr ist – für die Gesundheit und für die Umwelt. In vielen westlichen Ländern sind in den vergangenen Jahren Initiativen entstanden, die dafür eintreten, zumindest einen Tag pro Woche Fleisch und Wurst vom Speiseplan zu streichen. So kam die Idee des »Veggieday« auf, der dem Gesundheits- und Klimaschutz dienen und hin zu einem bewussteren Umgang mit Lebensmitteln und der Mitwelt führen soll. Ihren Ursprung hat diese Ess-Philosophie in den USA – abgesehen von den Fastenregeln der christlichen Lehre, die den Freitag zum fleischlosen Tag bereits seit 2015 Jahren macht. Aber das ist eine andere Geschichte. 2003 wurde jenseits des Großen Teichs der gemeinnützige Verein »Meatless Monday« gegründet. Als erste europäische Stadt proklamierte das belgische Gent 2009

den »Thursday Veggie Day«. 2010 führte San Francisco den Meat Free Monday ein, die deutschen Städte Bremen und Schwerin den fleischfreien Freitag. 2011 wurde in Oberösterreich die Initiative »Fleischfrei-tag« gestartet. Ganz gleich unter welcher Flagge der vegetarische Wochentag propagiert wird – ein Erfolg ist er heute schon. In den USA zeigt er bereits Wirkung: Der Fleischkonsum ging von 2007 bis 2012 um über 12 Prozent zurück. Das ist ein beachtlicher Erfolg.
Bei der Erstellung dieses Kochbuchs, das Sie, liebe Leserinnen und Leser, nun in Händen halten, sind wir davon ausgegangen, dass Sie sich ausgewogen ernähren – ob rein vegetarisch oder nicht spielt dabei keine Rolle. Unsere Rezepte sollen Ihnen Lust auf Fleischverzicht machen, wobei Sie eine Fülle von Ideen zur Auswahl haben, sowohl was die Zusammenstellung der Zutaten betrifft als auch die individuelle Weiterentwicklung fleischfreier Menüs – ohne Anspruch auf Vollständigkeit und ohne Tipps für die notwendigen Nahrungsergänzungen bei rein fleischfreier oder veganer Ernährung. Die von uns ausgewählten Gerichte eignen sich daher gleichermaßen für überzeugte Vegetarier wie für all jene, die nur temporär auf Fleisch verzichten wollen. Dass dabei Saisongemüse aus der Region und vollwertige Lebensmittel aus biologischer Landwirtschaft im Vordergrund stehen, ist freilich eine Selbstverständlichkeit.

Viel Vergnügen und guten Appetit!

Fit für den Tag

Gute Laune auf dem Teller.
Frische Früchte, knusprige Flocken
und herzhafte Frühstücksideen.

Guten-Morgen-Fitness-Shake

Zubereitungszeit: 10 Minuten
Für 2 Personen

250 g gemischte Beeren
(Heidelbeeren, Erdbeeren, Johannisbeeren, Himbeeren)
1 Apfel
1 Birne
20 g frischer Ingwer
400 ml Molke
2 EL Akazienhonig

1 Die Beeren unter fließendem Wasser abbrausen und gut abtropfen lassen. Einen Teil der Heidelbeeren auf Cocktailspießchen stecken und beiseitestellen.
2 Den Apfel und die Birne schälen, vierteln, entkernen und in kleine Würfel schneiden. Den Ingwer schälen und fein hacken.
3 Das Obst mit Molke, Ingwer und Honig im Mixer glatt pürieren. Nach Belieben durch ein feines Sieb streichen, um die Beerenkernchen zu entfernen. Auf zwei große Gläser verteilen und einige Eiswürfel dazugeben. Mit den Heidelbeerspießchen garnieren.

Mango-Lassi

Zubereitungszeit: 10 Minuten
Für 2 Personen

1 Mango
20 g frischer Ingwer
250 g Naturjoghurt
250 ml Mineralwasser
1 TL Zucker
1 Messerspitze Zimtpulver
½ TL gemahlener Kardamom
Minzeblättchen

1 Die Mango schälen, das Fruchtfleisch vom Kern schneiden. Den Ingwer schälen und fein hacken. Beides in einen Mixer geben.
2 Joghurt, Mineralwasser und Zucker hinzufügen und glatt pürieren. Mit Zimt und Kardamom würzen und nochmals aufmixen. In zwei Gläser umfüllen und mit Minzeblättchen garnieren.

Erdbeer-Sanddorn-Cocktail

Zubereitungszeit: 10 Minuten
Für 2 Personen

250 g Erdbeeren
500 ml Kefir
Saft von einer ½ Zitrone
1 EL Zucker
2–3 EL Sanddornsaft

1 Die Erdbeeren waschen und putzen. Einige schöne kleine Früchte auf zwei Strohhalme spießen.

2 Die restlichen Erdbeeren mit Kefir, Zitronensaft, Zucker und Sanddornsaft im Mixer glatt pürieren. In zwei hohe Gläser umfüllen und mit den Strohhalmen servieren.

Kräuter-Buttermilch

Zubereitungszeit: 5 Minuten
Für 2 Personen

150 g Salatgurke
1 EL gemischte Kräuter, fein gehackt (z. B. Petersilie, Schnittlauch, Dill)
500 ml Buttermilch
abgeriebene Schale von 1 Bio-Zitrone
1 Messerspitze Cayennepfeffer
Salz
Zucker
Kerbelzweige

1 Für die Garnierung zwei Scheiben von der Gurke abschneiden. Die restliche Gurke schälen und in Würfel schneiden. Mit den Kräutern und der Buttermilch im Mixer glatt pürieren.

2 Die Kräuter-Buttermilch mit Zitronenabrieb, Cayennepfeffer, Salz und einer Prise Zucker würzen und noch einmal aufmixen. In zwei Gläser umfüllen. Die Gurkenscheiben bis zur Mitte einschneiden und an den Rand der Gläser stecken. Mit Kerbel garnieren.

Erdbeer-Sanddorn-Cocktail

Italienischer Obstsalat

Zubereitungszeit: 20 Minuten
Ruhezeit: 30 Minuten
Für 2 Personen

2 Nektarinen
1 Birne
½ Galiamelone
je 100 g blaue und
weiße Weintrauben
Saft von 1 Orange
Saft von 1 Limette
2 EL feiner Zucker
Minzeblättchen

1 Das Obst waschen und trocken tupfen. Die Nektarinen halbieren, entsteinen und in feine Spalten schneiden. Die Birne vierteln, entkernen und in Würfel schneiden. Die Melonenkerne mit einem Löffel herausschälen. Das Fruchtfleisch auslösen und in kleine Stücke schneiden. Die Weintrauben halbieren und entkernen. Das Obst in eine Schüssel geben.

2 Orangensaft, Limettensaft und Zucker verrühren, über den Obstsalat gießen und alles vorsichtig miteinander vermengen. Zugedeckt 30 Minuten im Kühlschrank ziehen lassen.

3 Den Obstsalat in Dessertschalen füllen und mit Minzeblättchen garnieren.

Ob pur, mit Joghurt oder im Müsli – frische Früchte bringen auch den größten Morgenmuffel in Schwung und machen gute Laune.

Birchermüsli

Zubereitungszeit: 10 Minuten
Ruhezeit: 12 Stunden
Für 2 Personen

3 EL Haferflocken
2 TL Rosinen
1 TL Gojibeeren
2 Bio-Äpfel
1 EL gehackte Mandeln
4 EL Sahne
100 g rote Johannisbeeren

1 Die Haferflocken mit den Rosinen und den Gojibeeren in eine Schüssel geben und so viel Wasser angießen, dass alles bedeckt ist. Zugedeckt über Nacht quellen lassen.
2 Die Äpfel waschen und mit der Schale grob raspeln. Zu den Haferflocken geben, die Mandeln und die Sahne unterrühren.
3 Die Johannisbeeren waschen, die Beeren von den Stielen zupfen. Das Müsli auf zwei Teller verteilen und mit den Johannisbeeren garnieren.

Das *Bircher Müsli* ist vor über 100 Jahren vom Schweizer Arzt Maximilian Bircher-Benner erfunden worden. Es war Teil seiner Vollwertdiät, die viel frisches Obst enthält. Das Originalrezept wird mit gezuckerter Kondensmilch zubereitet und war ursprünglich als Abendessen gedacht.

Quarkspeise mit Knusperflocken und Himbeeren

Zubereitungszeit: 15 Minuten
Für 2 Personen
2 EL Butter
5 EL Amaranthflocken
1 TL Zucker
250 g Speisequark (20%)
5-6 EL Milch
2 EL Apfeldicksaft
250 g Himbeeren

1 Die Butter in einer beschichteten Pfanne zerlassen. Die Amaranthflocken hineingeben, mit Zucker bestreuen und unter Rühren kurz anrösten. Auf Backpapier ausbreiten und abkühlen lassen.

2 Den Quark mit der Milch und dem Apfeldicksaft glatt verrühren. Die Himbeeren verlesen.

3 In zwei Gläser lagenweise Amaranthflocken, Quark und Beeren einschichten. Die letzte Lage sollten Himbeeren sein.

Amaranth wird auch das Wunderkorn der Inkas und Azteken genannt. Es regt den Stoffwechsel an und erhöht die körperliche Leistungsfähigkeit.

Ciabatta mit süßer Avocadocreme

Zubereitungszeit: 10 Minuten
Für 2 Personen

- 1 reife Avocado
- 1 EL frisch gepresster Zitronensaft
- 2 EL frisch gepresster Orangensaft
- 1 EL Lindenblütenhonig
- 1 EL eingelegte Preiselbeeren
- 1 Messerspitze gemahlener Kardamom
- 1 Messerspitze Zimtpulver
- 2 kleine Ciabattabrötchen

1 Die Avocado durchschneiden und den Stein entfernen. Das Fruchtfleisch mit einem Esslöffel herausschälen und mit einer Gabel zerdrücken. Zitronen- und Orangensaft, Honig und Preiselbeeren unterrühren. Mit Kardamom und Zimt abschmecken.

2 Die Brötchen durchschneiden und mit der Avodacocreme bestreichen.

»Butter des Waldes« tauften die Azteken die südamerikanische Baumfrucht. Süß oder herzhaft gewürzt ist die Avocado ein wohlschmeckender und gesunder Brotaufstrich.

Tramezzini mit Ziegenfrischkäse

Zubereitungszeit: 10 Minuten

Für 2 Personen

- 2 in Öl eingelegte getrocknete Tomaten
- ½ Bund Rucola
- 100 g Ziegenfrischkäse
- 2 TL Thymianhonig
- 1 TL gehackte Mandeln
- 4 Scheiben Kastenweißbrot

1 Die Tomaten in feine Streifen schneiden. Die Rucola waschen, trocken schütteln, welke Blätter und grobe Stiele entfernen.

2 Den Frischkäse mit dem Honig und den Mandeln verrühren.

3 Das Weißbrot entrinden und toasten. Die Brotscheiben mit der Frischkäsecreme bestreichen. Zwei Brotscheiben mit Tomatenstreifen und Rucola belegen und mit den restlichen Brotscheiben bedecken. Die Tramezzini diagonal halbieren, so dass Dreiecke entstehen.

Tramezzini sind ursprünglich eine Turiner Spezialität, die inzwischen aber in ganz Norditalien verbreitet ist. Dort verwendet man dafür ein spezielles Weißbrot, das feinporiger und weicher ist als unser Toastbrot.

Vollkornbrot mit Käse, Radieschen und Kresse

Zubereitungszeit: 10 Minuten
Für 2 Personen
1 Tomate
4 Blätter Eisbergsalat
4 Radieschen
4 Scheiben Emmentaler
4 Scheiben Vollkornbrot
1 EL Butter
2 EL frische Gartenkresse

1 Die Tomaten, den Salat und die Radieschen waschen und trocken tupfen. Tomaten und Radieschen in feine Scheiben schneiden. Die Käsescheiben diagonal halbieren.

2 Die Brotscheiben dünn mit Butter bestreichen. Zwei Brotscheiben mit Salat, Tomaten, Käse, Radieschen und Kresse belegen. Mit den restlichen Brotscheiben bedecken.

Viele Vitamine, gute Kohlenhydrate und wertvolles Eiweiß: Mit diesem Powerbrot gelingt der Start in einen erfolgreichen Tag perfekt.

Eierpfanne mit Champignons und Käse

Zubereitungszeit: 15 Minuten
Für 2 Personen

150 g Champignons
2 Frühlingszwiebeln
1 Tomate
1 Schalotte, fein gehackt
1 EL Butter
4 Eier
3 EL Sahne
1 EL Petersilie, fein gehackt
Salz
frisch gemahlener schwarzer Pfeffer
1 Messerspitze Cayennepfeffer
1 EL frisch geriebener Emmentaler
1 EL frisch geriebener Greyerzer
1 EL Schnittlauch, in feine Röllchen geschnitten

1 Die Champignons und die Frühlingszwiebeln putzen und in feine Scheiben schneiden. Die Tomate waschen, vierteln, entkernen und in kleine Würfel schneiden.

2 Die Butter in einer beschichteten Pfanne zerlassen. Schalotten, Frühlingszwiebeln und Champignons hineingeben und unter Rühren anbraten. Die Tomaten zufügen und kurz mitbraten.

3 Die Eier mit Sahne, Petersilie, Salz, Pfeffer und Cayennepfeffer verquirlen und über das Gemüse gießen. Mit dem Käse bestreuen und bei kleiner Hitze stocken lassen. Dabei gelegentlich mit einem Holzlöffel umrühren. Portionsweise anrichten und mit dem Schnittlauch bestreuen.

Müslipuffer mit Heidelbeeren

Zubereitungszeit: 30 Minuten
Für 2 Personen
2 Eier
150–200 ml Milch
1 TL Muscovadozucker
40 g Weizenvollkornmehl
75 g Müsliflocken
200 g Heidelbeeren
150 g Hüttenkäse
1 EL Tannenhonig
Salz
1 EL Butterschmalz
2 EL Ahornsirup

1 Die Eier trennen. Die Eigelbe mit 150 ml Milch und dem Muscovadozucker verquirlen. Das Mehl und die Müsliflocken unterrühren und 10 Minuten quellen lassen.

2 Die Heidelbeeren verlesen, abspülen und abtropfen lassen. Den Hüttenkäse mit dem Honig verrühren, die Heidelbeeren untermischen.

3 Den Müsliteig durchrühren und bei Bedarf noch etwas Milch angießen. Die Eiweiße mit einer Prise Salz steif schlagen und unter den Teig heben.

4 Das Butterschmalz in einer beschichteten Pfanne zerlassen. Ein Viertel der Teigmenge hineingeben und zu einem ca. 10 cm großen Puffer verstreichen. Von beiden Seiten goldgelb braten. Warm halten, bis alle vier Puffer gebraten sind.

5 Jeweils zwei Puffer mit dem Heidelbeer-Hüttenkäse anrichten. Den Ahornsirup über die Puffer träufeln.

Eine vollwertige Variante der in Nordamerika so beliebten Pancakes, die nicht nur gut schmeckt, sondern auch gesund ist.

Snacks und Salate

Bunt, gesund und lecker.
Kulinarische Anregungen für den kleinen Hunger
und zum Sattessen.

Fitness-Salat mit frischem Obst

Zubereitungszeit: 25 Minuten
Für 4 Personen

1 kleiner Kopf Eisbergsalat
100 g Feldsalat
1 rosa Grapefruit
1 Orange
1 Fenchelknolle
1 Granatapfel
150 g Naturjoghurt
1 EL Ahornsirup
2 EL frisch gepresster Zitronensaft
Salz
frisch gemahlener schwarzer Pfeffer
1 TL Curry
1 EL Pinienkerne

1 Den Eisberg- und den Feldsalat putzen, waschen und trocken schleudern. Den Eisbergsalat in ca. 1 cm breite Streifen schneiden.
2 Die Grapefruit und die Orange so schälen, dass die weiße Haut ganz entfernt wird. Die Früchte vierteln und quer in Scheiben schneiden. Den geputzten Fenchel halbieren und in feine Streifen hobeln. Den Granatapfel halbieren und die Kerne herauslösen.
3 Für das Dressing den Joghurt mit Ahornsirup, Zitronensaft, Salz, Pfeffer und Curry verrühren. Alle Salatzutaten in eine Schüssel geben, das Dressing darüber verteilen und alles sorgfältig miteinander vermengen.
4 Die Pinienkerne in einer beschichteten Pfanne ohne Fett goldbraun rösten. Über den Salat streuen.

Die Heimat des Eissalats ist die amerikanische Westküste. Von dort aus wurde er früher in Eisenbahnwaggons auf großen Eisblöcken an die Ostküste transportiert. Daher sein Name.

Kartoffelsalat mit Zuckerschoten und Berlepsch-Äpfeln

Zubereitungszeit: 40 Minuten
Ruhezeit: 1 Stunde
Für 4 Personen

750 g festkochende Kartoffeln
Salz
100 g Naturjoghurt
100 g Salatmayonnaise
2–3 EL Hanföl
2–3 EL Weißweinessig
1 EL Feigensenf
frisch gemahlener schwarzer Pfeffer
2 Bio-Berlepsch-Äpfel
100 g Zuckerschoten
1 Bund Schnittlauch, gewaschen, trocken geschüttelt und in feine Röllchen geschnitten
Kornblumen- oder Borretschblüten

1 Die Kartoffeln waschen und mit der Schale in wenig Salzwasser garen. Noch warm schälen und in Scheiben schneiden.

2 Aus Joghurt, Mayonnaise, Hanföl, Essig, Feigensenf, Salz und Pfeffer ein Dressing anrühren. Das Dressing über die Kartoffeln gießen und vorsichtig vermengen.

3 Die Äpfel waschen, vierteln, entkernen und mit der Schale in feine Scheiben schneiden. Die rohen, gewaschenen Zuckerschoten quer in schmale Streifen schneiden. Alles unter den Salat mischen. 1 Stunde zugedeckt ziehen lassen.

4 Den Salat vor dem Servieren mit Essig, Salz und Pfeffer abschmecken, mit Schnittlauch bestreuen und mit Kornblumen- oder Borretschblüten garnieren.

Schon in der Antike schätzten Feinschmecker bunte Blüten auf dem Teller. Es gibt über 80 essbare Sorten. Um ihr zartes Aroma nicht zu zerstören, werden sie erst kurz vor dem Servieren auf den Salat gegeben.

Baby-Leaf-Salat mit gratiniertem Ziegenkäse und Honig

Zubereitungszeit: 25 Minuten
Für 4 Personen

250 g Baby-Leaf-Salat
250 g Cocktailtomaten
2 EL Pinienkerne
1 Bund Basilikum
1 EL Akazienblütenhonig-Essig
125 ml Olivenöl
Salz
frisch gemahlener schwarzer Pfeffer
1 Ziegenkäserolle (250 g)
4 TL Akazienblütenhonig
4 Kapuzinerkresseblüten

1 Den Salat verlesen, grobe Stiele und welke Blätter entfernen. Den Salat gründlich waschen und trocken schleudern. Die Tomaten je nach Größe halbieren oder vierteln. Die Salatblätter und die Tomaten auf vier Teller verteilen.

2 Die Pinienkerne in einer beschichteten Pfanne ohne Fett goldbraun rösten.

3 Das Basilikum waschen und trocken schütteln. Die Blätter von den Stängeln zupfen und in das Glas eines Mixers geben. Den Essig und die Hälfte der Pinienkerne zufügen und alles pürieren. 100 ml Olivenöl unterrühren. Die Sauce über den Salat träufeln.

4 Eine feuerfeste Form mit dem restlichen Olivenöl ausstreichen. Den Ziegenkäse in vier gleich dicke Scheiben schneiden und in die Form setzen. Mit dem Honig beträufeln und unter dem heißen Grill im Backofen ca. 3 Minuten gratinieren.

5 Den Ziegenkäse auf vier Tellern mit dem Salat anrichten. Die restlichen Pinienkerne darüberstreuen, mit den Blüten garnieren und sofort servieren.

Baby-Leaf-Salat ist eine küchenfertige Mischung aus jung geernteten Pflücksalaten und den zarten Blättern von Blattgemüsen wie Spinat, Rote Bete, Roter Senf und Roter Mangold.

Avocadosalat mit Schafskäse

Zubereitungszeit: 20 Minuten
Für 4 Personen

- 1 gelbe Paprikaschote
- 2 Stangen Staudensellerie
- 400 g Cocktailtomaten
- 1 Schalotte, fein gehackt
- 2 EL Kastanienessig
- 3 EL Pflanzenöl
- 1 EL Walnussöl
- Salz
- frisch gemahlener schwarzer Pfeffer
- 150 g milder Schafskäse
- 2 Avocados
- 2 EL Zitronensaft
- 1 EL Koriander, fein gehackt

1 Das Gemüse waschen und trocken tupfen. Die Paprikaschote halbieren, entkernen und in kleine Würfel schneiden. Die Selleriestangen in Scheiben schneiden, das Selleriegrün fein hacken. Die Tomaten je nach Größe halbieren oder vierteln.

2 Paprika, Sellerie, Tomaten und Schalotten in eine Schüssel geben. Aus dem Essig, Öl, Salz und Pfeffer ein Dressing anrühren, über das Gemüse geben und alles sorgfältig miteinander vermengen.

3 Den Schafskäse würfeln. Die Avocados durchschneiden und den Stein entfernen. Das Fruchtfleisch mit einem Esslöffel im Ganzen herausschälen, der Länge nach in Scheiben schneiden und fächerförmig auf vier Tellern verteilen. Mit dem Zitronensaft beträufeln.

4 Den Gemüsesalat mit dem Schafskäse auf den Avocadoscheiben anrichten. Mit dem Selleriegrün und dem Koriander bestreuen.

Tipp: Der Gemüsesalat schmeckt noch herzhafter, wenn man ihn 30 Minuten zugedeckt ziehen lässt.

Toskanischer Brotsalat

Zubereitungszeit: 30 Minuten
Für 4 Personen

- 1 kleine Salatgurke
- 1 gelbe Paprikaschote
- 400 g Eiertomaten
- 2 weiße Zwiebeln, fein gehackt
- 125 ml Olivenöl
- 2 EL Weißweinessig
- 1 Knoblauchzehe, fein gehackt
- Salz
- frisch gemahlener schwarzer Pfeffer
- 4 Scheiben toskanisches Brot
- 1 Bund Rucola

1 Die Gurke schälen, der Länge nach halbieren und die Kerne mit einem Löffel herausschälen. Das Fruchtfleisch in feine Scheiben schneiden. Die Paprikaschote halbieren, entkernen und in Würfel schneiden. Die Tomaten ebenfalls würfeln. Das Gemüse und die Zwiebeln in eine Schüssel geben.

2 Die Hälfte des Olivenöls mit dem Essig und dem Knoblauch verrühren, mit Salz und Pfeffer würzen und über den Salat träufeln. Vorsichtig untermischen.

3 Das Brot in mundgerechte Stücke zerteilen. Das restliche Öl in einer großen Pfanne erhitzen und die Brotstücke unter mehrmaligem Wenden goldbraun braten. Noch heiß unter den Salat heben und 10 Minuten ziehen lassen.

4 Die Rucola verlesen, grobe Stiele und welke Blätter entfernen. Die Rucola waschen, trocken schleudern und vier Teller damit auslegen.
Den Salat darauf anrichten.

Variante: Die Brotscheiben unter dem heißen Grill im Ofen auf beiden Seiten goldbraun rösten. Den Salat portionsweise auf dem Brot anrichten und mit gehackter Petersilie garnieren.

Fenchel-Orangen-Carpaccio

Zubereitungszeit: 20 Minuten
Ruhezeit: 30 Minuten
Für 4 Personen

2 kleine Fenchelknollen mit Grün
4 Orangen
2 rote Zwiebeln
2 EL Zitronensaft
Salz
frisch gemahlener schwarzer Pfeffer
4 EL Olivenöl
1 TL Sumachflocken
60 g entsteinte schwarze Oliven

1 Die Fenchelknollen putzen und das Grün beiseitestellen. Die Knolle quer in möglichst feine Scheiben schneiden und vier Teller damit auslegen.

2 Die Orangen so schälen, dass die weiße Haut komplett entfernt wird. Die Früchte ebenfalls in feine Scheiben schneiden und auf dem Fenchel verteilen. Die Zwiebeln schälen und fein hobeln. Die Zwiebelringe auf die Orangenscheiben geben.

3 Für das Dressing den Zitronensaft mit Salz, Pfeffer und Olivenöl verrühren. Das Dressing über den Salat träufeln, mit den Sumachflocken bestreuen. Zugedeckt 30 Minuten ziehen lassen.

4 Die Oliven in Scheiben schneiden. Vor dem Servieren über den Salat verteilen und mit dem Fenchelgrün garnieren.

Sumach ist ein herb-säuerliches Gewürz, das in der arabischen und türkischen Küche beliebt ist. Es wird aus dem sonnengetrockneten Fruchtfleisch der kleinen Früchte des Sumachs hergestellt.

Scharfer Blumenkohlsalat mit Möhren

Zubereitungszeit: 30 Minuten
Ruhezeit: 20 Minuten
Für 4 Personen

- 1 kleiner Blumenkohl
- 2 Möhren
- Salz
- 1 rote Chilischote
- 4 EL Zitronensaft
- ½ TL Paprika edelsüß
- 1 TL Zucker
- frisch gemahlener schwarzer Pfeffer
- 4 EL Olivenöl
- 1 EL Arganöl
- 2 Schalotten, fein gehackt
- 1 Knoblauchzehe, fein gehackt
- 1 EL Sesamsaat
- 100 g Radieschensprossen

1 Den Blumenkohl in Röschen teilen und waschen. Die Möhren schälen, der Länge nach halbieren und in feine Scheiben schneiden.

2 Die Blumenkohlröschen in kochendem Salzwasser 5 Minuten garen. Dann die Möhren zufügen und 6–8 Minuten weiterkochen lassen. Das Gemüse abgießen, kurz in Eiswasser abschrecken und sorgfältig abtropfen lassen. In eine Salatschüssel geben.

3 Die Chilischote längs halbieren, entkernen und fein hacken. Den Zitronensaft mit Paprika, Zucker, Salz, Pfeffer und den Ölen verrühren. Chilischoten, Schalotten und Knoblauch untermischen und das Dressing über das lauwarme Gemüse geben. Vorsichtig vermengen und zugedeckt 20 Minuten ziehen lassen.

4 Den Sesam in einer beschichteten Pfanne ohne Fett goldbraun rösten. Vor dem Servieren über den Salat geben und mit den Radieschensprossen garnieren.

Arganöl, das »flüssige Gold Marokkos«, wird aus den Mandeln des Arganbaums gewonnen, der nur in Marokko wächst. Es zählt zu den gesündesten Ölen der Welt. Sein herb-nussiger, leicht rauchiger Geschmack verfeinert Salate und Gemüse.

Rote-Bete-Salat mit Birnen

Zubereitungszeit: 20 Minuten
Für 4 Personen

- ½ Kopf Eisbergsalat
- 1 kleiner Kopf Radicchio
- 2 gegarte Rote Beten
- 2 kleine süßliche Birnen, z. B. Conference oder Williams Christ
- 2 EL Zitronensaft
- 2 EL Weißweinessig
- 2 TL frisch geriebener Meerrettich
- Zucker
- Salz
- frisch gemahlener schwarzer Pfeffer
- 4 EL Pflanzenöl
- 60 g Walnusskerne, grob gehackt
- einige Zweige Pimpinelle

1 Die Blattsalate waschen und trocken schleudern. Die Salate in die einzelnen Blätter zerteilen, in mundgerechte Stücke zupfen und in eine Schüssel geben.

2 Die Roten Beten in kleine Würfel schneiden. Die Äpfel schälen, vierteln, entkernen und in Spalten schneiden. Sofort mit dem Zitronensaft beträufeln, damit sie nicht braun werden.

3 Für das Dressing Essig, Meerettich, Zucker, Salz, Pfeffer und Öl verrühren. Blattsalate, Rote Bete und Äpfel auf vier Tellern anrichten und mit dem Dressing beträufeln. Mit den Walnusskernen bestreuen und mit Pimpinellezweigen garnieren.

Himmel und Erde – die Süße der Birnen harmoniert perfekt mit dem erdig-herben Geschmack der Rote Bete und dem nussig-würzigen Aroma der Pimpinelle.

Bulgur-Tomaten-Salat mit Petersilie und Minze

Zubereitungszeit: 30 Minuten
Ruhezeit: 1 Stunde
Für 4 Personen

- 150 g fein geschroteter Bulgur
- 400 g Tomaten
- 2 Spitzpaprikaschoten
- 1 kleine Salatgurke
- 4 Frühlingszwiebeln
- 2 weiße Zwiebeln, fein gehackt
- 60 ml frisch gepresster Zitronensaft
- 60 ml Olivenöl
- Salz
- frisch gemahlener schwarzer Pfeffer
- ½–1 TL Pul Biber (Gewürzmischung)
- 1 Bund Petersilie, gewaschen und trocken geschüttelt, die Blätter abgezupft und fein gehackt
- 2 EL Minze, fein geschnitten
- Minzeblättchen

1 Den Bulgur in eine Schale geben und so viel heißes Wasser angießen, dass er knapp bedeckt ist. 20 Minuten ziehen lassen, dabei mehrmals mit einer Gabel auflockern.

2 Die Tomaten und die Spitzpaprika waschen, vierteln und entkernen. Die Gurke schälen, der Länge nach halbieren und die Kerne mit einem Löffel herausschälen. Die Frühlingszwiebeln putzen. Alles in kleine Würfel schneiden und in eine Schüssel geben.

3 Den Zitronensaft mit Olivenöl, Salz, Pfeffer und Pul Biber verrühren und über den Salat gießen. Vorsichtig vermengen und zugedeckt 1 Stunde im Kühlschrank ziehen lassen.

4 Vor dem Servieren die Petersilie und die Minze unter den Salat heben, mit Salz und Pfeffer abschmecken. Mit Minzeblättchen garnieren.

Pul Biber ist eine beliebte türkische Gewürzmischung. Sie besteht aus getrockneten und gestoßenen Paprika- und Chilischoten und gibt dem Salat eine würzige Schärfe.

Champignonspieße mit Estragonmayonnaise

Zubereitungszeit: 45 Minuten
Für 4 Personen
2 Eigelb
1 TL Zitronensaft
300 ml Olivenöl
1 EL Estragon, fein gehackt
Salz
500 g kleine Champignons
2 Eier
frisch gemahlener schwarzer Pfeffer
200 g Semmelbrösel
1 EL Petersilie, fein gehackt
1 EL Curry
1 EL Paprika edelsüß
250 ml Pflanzenöl
1 Bio-Zitrone, in Spalten geschnitten

1 Für die Mayonnaise die Eigelbe mit dem Zitronensaft verquirlen. Langsam das Olivenöl unter ständigem Rühren zunächst tropfenweise, dann in einem dünnen Strahl zugießen. So lange rühren, bis eine steife Mayonnaise entstanden ist. Den Estragon untermischen und mit Salz abschmecken. Zugedeckt kühl stellen.

2 Die Champignons putzen. Die Eier in einem tiefen Teller mit Salz und Pfeffer verquirlen. Jeweils ein Drittel des Paniermehls in je einen tiefen Teller geben. Petersilie, Curry und Paprika unter jeweils eine Portion Paniermehl mischen.

3 Jeweils 3–4 Champignons auf einen Holzspieß stecken. Die Champignonspieße zunächst im Ei wenden, dann in der Kräuter-, Paprika- oder Currypanade drehen. Überschüssige Panade abklopfen.

4 Das Öl in einer großen tiefen Pfanne auf ca. 175 °C erhitzen. Die Champignonspieße portionsweise ca. 2 Minuten goldbraun ausbacken, dabei mehrmals wenden. Auf Küchenpapier abtropfen lassen.

5 Die Champignonspieße auf einer Platte mit Zitronenspalten anrichten, die Estragonmayonnaise getrennt dazu reichen.

Gebackener Schafskäse in Pergament

Zubereitungszeit: 30 Minuten
Garzeit: 20 Minuten
Für 4 Personen
1 große Zucchini
2 Fleischtomaten
100 ml Olivenöl
Salz
frisch gemahlener schwarzer Pfeffer
1 TL getrockneter Oregano
4 Scheiben Feta à 125 g
4 Zweige Thymian
4 kleine Zweige Rosmarin

1 Die Zucchini quer halbieren, dann längs in ca. 1 cm dicke Scheiben schneiden. Die Tomaten ebenfalls in Scheiben schneiden. Den Backofen auf 200 °C (Umluft 180 °C) vorheizen.

2 In einer großen Pfanne 2 Esslöffel Olivenöl erhitzen und die Zucchini auf beiden Seiten kurz anbraten. Vier Bögen Pergamentpapier mit etwas Olivenöl einpinseln und in die Mitte die Zucchinischeiben legen. Mit Salz, Pfeffer und Oregano würzen und den Feta daraufsetzen. Mit den Tomaten belegen und mit Salz und Pfeffer würzen. Jeweils 1 Thymian- und 1 Rosmarinzweig darauflegen und mit dem restlichen Öl beträufeln.

3 Das Pergamentpapier über dem Feta zusammenfalten, die Seiten nach unten einschlagen. Im heißen Ofen 15–20 Minuten backen.

Der griechische Feta ist ein weißer, leicht bröckeliger Käse aus Schafs- oder Ziegenmilch, der in Salzlake gereift ist. Wegen seiner speziellen Eiweißzusammensetzung vertragen ihn auch Kuhmilchallergiker.

Provenzalischer Salat Mesclun

Zubereitungszeit: 25 Minuten
Für 4 Personen

- 4 Eier
- 1 Kopf Radicchio
- ½ Kopf Eichblattsalat
- 100 g junger Löwenzahn
- 150 g Wildkräuter (alternativ Brunnenkresse und Rucola)
- 2 EL Weißweinessig
- 1 TL Himbeeressig
- 1 TL Dijon-Senf
- 125 ml Olivenöl
- Salz
- frisch gemahlener schwarzer Pfeffer
- 2 Scheiben Weißbrot vom Vortag
- 1 EL Kerbel, fein gehackt

1 Die Eier in einen Topf mit kaltem Wasser legen. Zum Kochen bringen und 8 Minuten kochen lassen. Unter fließendem kaltem Wasser abschrecken, schälen und in Scheiben schneiden.

2 Die Blattsalate, den Löwenzahn und die Wildkräuter waschen und trocken schleudern.
Die Blattsalate in die einzelnen Blätter zerteilen. Löwenzahn und Wildkräuter verlesen. Alles in mundgerechte Stücke zupfen und in eine Schüssel geben.

3 Für das Dressing Weißwein- und Himbeeressig, Senf, 5 Esslöffel Olivenöl, Salz und Pfeffer verrühren. Über den Salat gießen und untermischen. Mit den Eischeiben garnieren.

4 Das Weißbrot in kleine Würfel schneiden. In einer beschichteten Pfanne das restliche Olivenöl erhitzen und das Brot unter mehrmaligem Wenden goldbraun rösten. Noch heiß über den Salat verteilen, aber nicht unterheben. Mit dem Kerbel bestreuen und sofort servieren.

Ein Klassiker aus dem Süden Frankreichs. Der aromatische Salat mit Wildkräutern und zarten Blattsalaten schmeckt im Frühling am besten.

Lauchtartelettes mit Gorgonzolakruste

Zubereitungszeit: 30 Minuten
Backzeit: 25 Minuten
Für 4 Personen

2 Platten tiefgekühlter Blätterteig à 75 g
400 g Lauch
2 Frühlingszwiebeln
1 EL Butter
100 g Crème fraîche
2 Eier
2 EL Petersilie, fein gehackt
Salz
½ TL Orangenpfeffer
1 EL Mehl
100 g Gorgonzola

1 Den Blätterteig nach Packungsanleitung auftauen lassen. Den Backofen auf 160 °C (Umluft 140 °C) vorheizen.

2 Den Lauch und die Frühlingszwiebeln putzen, waschen und in feine Ringe schneiden. Die Butter in einer Pfanne zerlassen. Den Lauch und die Frühlingszwiebeln ca. 5 Minuten glasig anschwitzen. Vom Herd nehmen und etwas abkühlen lassen.

3 Die Blätterteigplatten halbieren und auf einer mit Mehl bestäubten Arbeitsfläche leicht ausrollen. Vier Tarteletteförmchen (Ø 12 cm) kalt ausspülen und mit dem Blätterteig auslegen. Überstehenden Teig abschneiden.

4 Die Crème fraîche mit den Eiern verrühren. Lauchgemüse und Petersilie unterziehen, mit Salz und Orangenpfeffer würzen. Auf die Teigböden verteilen und mit dem zerbröckelten Gorgonzola bestreuen. Im heißen Ofen 20–25 Minuten backen. Die Tartelettes aus den Förmchen lösen und heiß oder lauwarm servieren.

Ein idealer Snack für einen Sommerabend auf der Terrasse. Anstelle von Lauch können auch Zucchini oder Mangold verwendet werden.

Scharfe Kartoffeln mit Spitzpaprikaschoten

Zubereitungszeit: 40 Minuten

Für 4 Personen

1 kg mittelgroße Kartoffeln
Salz
4 rote Spitzpaprikaschoten
125 ml Olivenöl
2 Knoblauchzehen, geschält
frisch gemahlener schwarzer Pfeffer
2 TL Chilipaste
1 TL Pimentón de la Vera
(geröstetes Paprikapulver)

1 Die Kartoffeln gründlich waschen und mit der Schale in Salzwasser 10 Minuten kochen. Abgießen und ausdampfen lassen. Dann der Länge nach halbieren und in jeweils drei Spalten schneiden.

2 Die Paprikaschoten waschen, halbieren, entkernen und in einen ½ cm breite Streifen schneiden.

3 Das Olivenöl in einer tiefen Pfanne erhitzen. Den Knoblauch goldbraun anrösten, dann aus dem Öl entfernen. Die Kartoffeln hineingeben und 10 Minuten rundum anbraten.

4 Die Paprikaschoten zufügen, mit Salz, Pfeffer, Chilipaste und Paprikapulver würzen und weitere 10 Minuten braten. Mit dem Schaumlöffel aus dem Öl heben und portionsweise anrichten.

Dazu passt eine kalte grüne Sauce: 1 Bund gemischte Kräuter mit 8 Esslöffeln Olivenöl, 1 Schalotte, 1 Knoblauchzehe, Salz, Pfeffer und Zitronensaft im Mixer pürieren.

Spanisches Omelett

Zubereitungszeit: 45 Minuten
Für 4 Personen

2 Zwiebeln
3 grüne Spitzpaprikaschoten
1 Zucchini
4 Tomaten
2 EL Olivenöl
6 Eier
100 ml Mineralwasser
mit Kohlensäure
Salz
frisch gemahlener schwarzer Pfeffer
1 TL Kurkuma
½ TL gemahlener Kreuzkümmel
2 EL Petersilie, fein gehackt
60 g frisch geriebener Manchego

1 Die Zwiebeln schälen und in feine Ringe schneiden. Das Gemüse waschen. Die Paprikaschoten längs halbieren, entkernen und quer in feine Streifen schneiden. Die Zucchini und die Tomaten in kleine Würfel schneiden.

2 Das Öl in einer großen beschichteten Pfanne erhitzen. Die Zwiebeln glasig anschwitzen. Die Paprika und die Zucchini zufügen und 5 Minuten braten. Die Tomaten untermischen und bei kleiner Hitze ca. 15 Minuten dünsten, bis die Flüssigkeit fast verdampft ist.

3 Die Eier mit Mineralwasser, Salz, Pfeffer, Kurkuma und Kreuzkümmel verquirlen. 1 Esslöffel Petersilie unter das Gemüse mischen, die Eier darübergeben und mit dem Käse bestreuen. Zugedeckt bei kleiner Hitze ca. 8 Minuten stocken lassen.

4 Das Omelett auf eine Platte gleiten lassen und in vier Stücke schneiden. Mit der restlichen Petersilie bestreuen.

Eine Abwandlung der beliebten spanischen Tortilla, einem Omelett aus Kartoffeln und Eiern, das auch Tomaten, Zucchini oder Paprikaschoten enthalten kann. Sie wird oft auch kalt, in Würfel geschnitten, als kleine Vorspeise serviert.

Aus dem Suppentopf

Lieblingssuppen aus aller Welt.
Mal bodenständig-regional, mal mit
Aromen aus Tausendundeiner Nacht.

Andalusische Gazpacho

Zubereitungszeit: 40 Minuten
Ruhezeit: 2 Stunden
Für 4 Personen

- 4 Scheiben Weißbrot
- 125 ml Olivenöl
- 500 g Tomaten
- 1 gelbe Paprikaschote
- 1 grüne Paprikaschote
- ½ Salatgurke
- 1 Zwiebel, fein gehackt
- 2–3 Knoblauchzehen, fein gehackt
- 2–3 EL Sherry- oder Weinessig
- Salz
- frisch gemahlener schwarzer Pfeffer
- 1 Schalotte, fein gehackt

1 Das Weißbrot in kleine Würfel schneiden. Die Hälfte der Brotwürfel in eine Schüssel geben, mit 60 ml Olivenöl beträufeln und etwas ziehen lassen. Das restliche Olivenöl erhitzen und die übrigen Brotwürfel goldbraun anrösten. Auf Küchenpapier abtropfen lassen und beiseitestellen.

2 Die Tomaten heiß überbrühen, enthäuten, vierteln und entkernen. Die Paprikaschoten waschen, halbieren und entkernen. Die Gurke schälen, der Länge nach halbieren und die Kerne mit einem Löffel herausschälen. Das Gemüse in möglichst kleine Würfel schneiden. Knapp ein Viertel der Gemüsewürfel beiseitestellen.

3 Das restliche Gemüse mit dem Olivenöl-Brot in den Mixer geben, die Zwiebeln und den Knoblauch zufügen und pürieren. So viel Wasser angießen, bis die Suppe die gewünschte Konsistenz hat. Mit Essig, Salz und Pfeffer würzen und mindestens 1 Stunde im Kühlschrank ziehen lassen.

4 Die kalte Suppe auf vier Teller verteilen. Die Gemüsewürfel, die Schalotten und die gerösteten Brotwürfel in getrennten Schälchen dazu servieren.

Diese kalte Gemüsesuppe war ursprünglich ein Resteessen der andalusischen Hirten und bestand aus altem Brot, Knoblauch, Wasser, Öl und Essig. Ergänzt durch frisches Gemüse ist es heute ein beliebtes Sommeressen.

Gurkenkaltschale mit Radieschen

Zubereitungszeit: 20 Minuten
Ruhezeit: 1 Stunde
Für 4 Personen

600 g Salatgurke
1 Bund Radieschen
200 g Naturjoghurt
200 g Buttermilch
1 weiße Zwiebel, fein gehackt
Salz
frisch gemahlener schwarzer Pfeffer
1 TL gemahlener Kreuzkümmel
1–2 EL Estragonessig
Borretschblätter

1 Die Gurke schälen, der Länge nach halbieren und die Kerne mit einem Löffel herausschälen. Das Fruchtfleisch würfeln.

2 Die Radieschen samt Grün waschen und trocken schütteln. Welke Blätter und grobe Stiele entfernen. Die Radieschenblätter grob hacken.

3 Den Joghurt mit Buttermilch, Radieschenblättern, Gurken und Zwiebeln im Mixer glatt pürieren. Mit Salz, Pfeffer, Kreuzkümmel und Estragonessig würzen. Zugedeckt im Kühlschrank 1 Stunde kalt stellen.

4 Die Radieschen putzen und in kleine Würfel schneiden. Die Gurkenkaltschale mit Salz, Pfeffer und Essig abschmecken.

5 Die Suppe schaumig aufmixen und auf vier Teller verteilen. Die Radieschen darübergeben und mit den Borretschblättern garnieren.

Zu dem leichten, erfrischenden Sommergericht passt frisches Baguette, Fladenbrot oder Ciabatta. Wer es deftiger mag, reicht Knoblauchbrot zur Suppe.

Spargelsuppe mit Kerbel und Amaretti

Zubereitungszeit: 1 Stunde
Für 4 Personen

- 1 kg weißer Spargel
- Saft von 1 Zitrone
- Salz
- ½ TL Zucker
- 2 EL Butter
- 2 Schalotten, fein gehackt
- 2 EL Mehl
- 250 ml Milch
- Saft von 1 Orange
- frisch geriebene Muskatnuss
- frisch gemahlener weißer Pfeffer
- 100 g Sahne
- 30 g Amaretti, grob gehackt
- Kerbelzweige

1 Den Spargel waschen, schälen und die holzigen Enden entfernen. Die Spargelspitzen abschneiden, die Stangen in kleine Stücke schneiden. Die Spargelschalen in 1 Liter Wasser mit Zitronensaft, Salz und Zucker 20 Minuten kochen. Abgießen, dabei die Kochbrühe auffangen. Brühe wieder zum Kochen bringen. Die Spargelköpfe im kochenden Sud 2–3 Minuten garen. Herausnehmen und warm halten.

2 Die Butter zerlassen und die Schalotten glasig anschwitzen. Das Mehl darüberstäuben und hellgelb anrösten. Die Milch und die heiße Spargelbrühe unter Rühren angießen und zum Kochen bringen. Die Spargelstücke einlegen und ca. 15 Minuten bei mittlerer Hitze köcheln lassen.

3 Die Suppe vom Herd nehmen und mit dem Stabmixer pürieren. Den Orangensaft unterrühren. Mit Zucker, Muskat, Salz und Pfeffer würzen.

4 Die Sahne steif schlagen. Die Amaretti im Mörser zerstoßen.

5 Die Spargelspitzen auf vier vorgewärmte Teller verteilen, die Suppe darübergießen und auf jeden Teller eine Portion Sahne geben. Mit den Amaretti bestreuen und mit den Kerbelzweigen garnieren.

Amaretti sind kleine süße Makronen aus gemahlenen Mandeln, Eischnee und Zucker. Der Legende nach soll das piemontesische Örtchen Mombaruzzo die Heimat der italienischen Gebäckspezialität sein.

Russische Sauerampfersuppe

Zubereitungszeit: 25 Minuten	
Für 4 Personen	
200 g Sauerampfer	
200 g Blattspinat	
1 Zwiebel, fein gehackt	
2 Knoblauchzehen, fein gehackt	
50 g Butter	
100 ml Weißwein	
500 ml Gemüsebrühe	
Salz	
frisch gemahlener schwarzer Pfeffer	
frisch geriebene Muskatnuss	
2 gekochte Kartoffeln	
2 hart gekochte Eier	
4 TL Sauerrahm	

1 Den Sauerampfer und den Spinat verlesen. Dickere Stiele und welke Blätter entfernen. Den Sauerampfer und den Spinat waschen.

2 Die Butter in in einem Topf zerlassen und die Zwiebeln und den Knoblauch glasig anschwitzen. Den Sauerampfer und den Spinat tropfnass dazugeben und andünsten. Mit dem Weißwein ablöschen, die Brühe angießen und zum Kochen bringen. 10 Minuten leicht köcheln lassen. Anschließend mit dem Stabmixer pürieren.

3 Die Kartoffeln schälen und in kleine Würfel schneiden. Die geschälten Eier grob hacken. Die Kartoffeln in der Suppe erhitzen. Mit Salz, Pfeffer und Muskatnuss würzen.

4 Die Suppe in vier vorgewärmte Teller verteilen. Mit dem Sauerrahm und den Eiern garnieren.

Die russsiche Küche ist bekannt für ihre herzhaften Suppen, die ihren fein-säuerlichen Geschmack einem großen Klecks Sauerrahm, Schmand oder Buttermilch verdanken. Dazu gibt es Brot oder gefüllte Teigtaschen.

Würzige Grießsuppe mit Tomaten

Zubereitungszeit: 40 Minuten
Für 4 Personen

- 1 Bund Frühlingszwiebeln
- 1 rote Chilischote
- 1 Knoblauchzehe, fein gehackt
- 2 EL Olivenöl
- 1 l Gemüsebrühe
- Salz
- frisch gemahlener schwarzer Pfeffer
- 2 TL Ras el Hanout (Gewürzmischung)
- 60 g grober Hartweizengrieß
- 12 Cocktailtomaten
- 1–2 EL Zitronensaft
- 2 EL frische Kresse

1 Die Frühlingszwiebeln putzen, waschen und in feine Ringe schneiden. Die Chilischote halbieren, entkernen und in feine Streifen schneiden.

2 Das Olivenöl in einem Topf erhitzen. Frühlingszwiebeln, Knoblauch und Chilischote anschwitzen. Die Brühe angießen, mit Salz, Pfeffer und Ras el Hanout würzen und zum Kochen bringen.

3 Den Hartweizengrieß in die kochende Brühe einrühren und einmal aufwallen lassen. Die Hitze reduzieren und die Suppe zugedeckt bei kleiner Hitze ca. 20 Minuten köcheln lassen, dabei gelegentlich umrühren.

4 Die Tomaten je nach Größe halbieren oder vierteln. In die Suppe geben und einige Minuten mitkochen.

5 Die Suppe mit Zitronensaft, Salz und Pfeffer abschmecken und mit der Kresse garnieren.

Grünkernsuppe mit frittiertem Sellerie

Zubereitungszeit: 30 Minuten
Garzeit: 25 Minuten
Für 4 Personen

3 Tomaten
2 Stangen Staudensellerie
2 Möhren
2 EL Olivenöl
1 Zwiebel, fein gehackt
1 l Gemüsebrühe
Salz
frisch gemahlener schwarzer Pfeffer
2 Lorbeerblätter
150 g Grünkern, fein gemahlen
100 g Knollensellerie
100 ml Frittieröl
2 EL fein gehackte Kräuter (Liebstöckel, Majoran, Petersilie)

1 Die Tomaten waschen und in Würfel schneiden. Die Selleriestangen putzen, die Möhren schälen. Beides in kleine Würfel schneiden.

2 Das Olivenöl in einem Topf erhitzen und die Zwiebeln glasig anschwitzen. Das Gemüse dazugeben und andünsten. Die Brühe angießen und zum Kochen bringen. Den Grünkern einrühren, mit Salz und Pfeffer würzen und die Lorbeerblätter einlegen. Die Suppe bei kleiner Hitze 25 Minuten köcheln lassen.

3 Den Knollensellerie schälen und in hauchdünne Scheiben schneiden. Im heißen Öl frittieren und auf Küchenpapier abtropfen lassen.

4 Die Lorbeerblätter entfernen. Die Suppe mit Salz und Pfeffer abschmecken und die Kräuter untermischen.

5 Die Grünkernsuppe portionsweise anrichten und mit den Sellerieschieben garnieren.

Lange hat der Grünkern ein kulinarisches Schattendasein geführt. Hinter seinem Namen verbirgt sich unreif geernteter Dinkel, dessen Körner noch halbfest und grün sind. Sein nussiger Geschmack ist vor allem im Süden beliebt.

Kanarische Brunnenkressesuppe mit breiten Bohnen

Zubereitungszeit: 40 Minuten
Für 4 Personen

750 g Kartoffeln
2 Petersilienwurzeln
250 g breite Bohnen
2 EL Olivenöl
1 Gemüsezwiebel, fein gehackt
2 Knoblauchzehen, fein gehackt
1 l Gemüsebrühe
Salz
frisch gemahlener schwarzer Pfeffer
1 TL Pimentón de la Vera
(geröstetes Paprikapulver)
3 Stängel Bohnenkraut
2 Tomaten
2 Bund Brunnenkresse
½ TL gemahlener Kreuzkümmel
einige Safranfäden

1 Die Kartoffeln und die Petersilienwurzeln waschen, schälen und in kleine Würfel schneiden. Die Bohnen waschen, putzen und schräg in ca. 2 cm breite Stücke schneiden.

2 Das Olivenöl in einem Topf erhitzen und die Zwiebeln und den Knoblauch glasig anschwitzen. Die Kartoffeln und die Petersilienwurzeln dazugeben, die Brühe angießen. Mit Salz, Pfeffer und Paprikapulver würzen und einmal aufkochen lassen. Die Bohnen untermischen und das Bohnenkraut einlegen. 20 Minuten bei kleiner Hitze köcheln lassen. Das Bohnenkraut entfernen.

3 Die Tomaten heiß überbrühen, enthäuten, vierteln, entkernen und in möglichst kleine Würfel schneiden. Die Brunnenkresse waschen, trocken tupfen und verlesen. Welke Blätter und grobe Stiele entfernen. Die Blätter grob hacken.
50 ml Brühe von der Suppe entnehmen und die Safranfäden darin auflösen.

4 Die Safranbrühe in die Suppe rühren, mit dem Kreuzkümmel würzen. Die Tomaten und die Brunnenkresse dazugeben und einige Minuten mitköcheln lassen.

5 Vor dem Servieren die Suppe mit Salz und Pfeffer abschmecken.

Frische Brunnenkresse hat einen pikant-würzigen, leicht scharfen Geschmack. Sie wächst wild an Flussläufen und ist ein Frühlingskraut.

Süßsaure Kohlsuppe mit Wurzelgemüse

Zubereitungszeit: 25 Minuten
Garzeit: 25 Minuten
Für 4 Personen

- 1 kleiner Kopf Weißkohl
- 2 Möhren
- 2 Pastinaken
- 2 Petersilienwurzeln
- 20 g frischer Ingwer
- 1 Stängel Zitronengras
- 2 EL Olivenöl
- 2 Zwiebeln, fein gehackt
- 1 l Gemüsebrühe
- Salz
- 1–2 EL Zucker
- 1 TL Kurkuma
- frisch gemahlener schwarzer Pfeffer
- 1 TL getrocknetes Bohnenkraut
- 250 g Cocktailtomaten
- 1–2 EL Weißweinessig
- 1 EL Petersilie, fein gehackt

1 Die äußeren Blätter des Kohls entfernen. Den Kohl waschen, vierteln und den Strunk keilförmig herausschneiden. Die Blätter quer in 1 cm breite Streifen schneiden.

2 Möhren, Pastinaken und Petersilienwurzeln waschen, schälen und in feine Scheiben schneiden. Den Ingwer schälen und in kleine Würfel schneiden. Die äußeren Blätter vom Zitronengras entfernen, die inneren zarten Blätter fein hacken.

3 Das Olivenöl in einem Topf erhitzen und die Zwiebeln glasig anschwitzen. Gemüse, Ingwer und Zitronengras dazugeben und unter Rühren anbraten. Die Brühe angießen, mit Salz, Zucker, Kurkuma, Pfeffer und Bohnenkraut würzen. 15 Minuten bei kleiner Hitze köcheln lassen.

4 Die Tomaten waschen und je nach Größe halbieren oder vierteln. Zur Suppe geben und weitere 10 Minuten kochen.

5 Die Suppe mit Essig, Salz, Zucker und Pfeffer abschmecken. Vor dem Servieren mit der Petersilie bestreuen.

Weiße-Bohnen-Suppe mit Nudeln

Zubereitungszeit: 30 Minuten
Für 4 Personen

- 1 kleine Dose Cannellini-Bohnen (400 g)
- 3 Tomaten
- 3 Stangen Staudensellerie
- 4 EL Olivenöl
- 2 Knoblauchzehen, fein gehackt
- 1 Lorbeerblatt
- 2 EL Salbeiblätter, in feine Streifen geschnitten
- 1 l Gemüsebrühe
- Salz
- frisch gemahlener schwarzer Pfeffer
- 250 g Ditalini (alternativ kurze Suppennudeln)
- 1 Zwiebel

1 Die Bohnen in ein Sieb abgießen, abspülen und abtropfen lassen. Die Tomaten vierteln und in Würfel schneiden. Die Selleriestangen waschen, putzen und in feine Scheiben schneiden.

2 2 Esslöffel Olivenöl in einem Topf erhitzen und den Knoblauch glasig anschwitzen. Bohnen, Tomaten, Sellerie, Lorbeerblatt und 1 Esslöffel Salbei dazugeben. Die Brühe angießen und zum Kochen bringen. Mit Salz und Pfeffer würzen und bei mittlerer Hitze 15 Minuten köcheln lassen.

3 Die Nudeln in reichlich Salzwasser knapp bissfest garen. Abgießen und abtropfen lassen.

4 Die Zwiebel schälen und in feine Ringe schneiden. Das restliche Öl in einer Pfanne erhitzen und die Zwiebelringe goldbraun rösten.

5 Die Nudeln in die Suppe geben, mit Salz und Pfeffer abschmecken. Portionsweise anrichten und mit den braunen Zwiebeln sowie dem restlichen Salbei garnieren.

Weiße Bohnen und Hülsenfrüchte sind ein fester Bestandteil der Mittelmeerküche. Eine der feinsten Bohnen ist die kleine italienische Cannellini-Bohne.

Kidneybohnen-Eintopf mit Tofu

Zubereitungszeit: 45 Minuten
Für 4 Personen

- 1 kleine Dose Kidneybohnen (400 g Dose)
- 1 kleine Dose Mais (325 g Dose)
- 1 grüne Paprikaschote
- 4 EL Pflanzenöl
- 1 Gemüsezwiebel, fein gehackt
- 1 Knoblauchzehe, fein gehackt
- 2 EL Tomatenmark
- 200 ml Rotwein
- 400 g geschälte Tomaten (Dose)
- ½ TL getrockneter Oregano
- ½ TL gemahlener Piment
- Salz
- frisch gemahlener schwarzer Pfeffer
- 200 g Räuchertofu
- Tabasco zum Abschmecken
- 1 EL Petersilie oder Koriander, fein gehackt

1 Die Kidneybohnen und den Mais in ein Sieb schütten und gut abtropfen lassen. Die Paprikaschote waschen, halbieren, entkernen und in schmale Streifen schneiden.

2 Das Öl in einem Topf erhitzen und die Zwiebeln sowie den Knoblauch glasig anschwitzen. Die Paprika und das Tomatenmark untermischen und kurz anrösten. Mit dem Rotwein ablöschen und die Tomaten samt Saft dazugeben. Die Tomaten mit einer Gabel am Topfrand zerdrücken. Mit Oregano, Piment, Salz und Pfeffer würzen und zum Kochen bringen.

3 Die Kidneybohnen und den Mais untermischen und 20 Minuten bei kleiner Hitze köcheln lassen.

4 Den Tofu in kleine Würfel schneiden und in einer beschichteten Pfanne im restlichen Öl goldbraun rösten. Unter den Eintopf mischen und mit Salz, Pfeffer und Tabasco abschmecken. Portionsweise anrichten und mit Petersilie oder Koriander bestreuen.

Marokkanischer Gemüseeintopf mit Minze

Zubereitungszeit: 35 Minuten
Für 4 Personen
400 g Mangold
4 kleine Kartoffeln
1 EL Butterschmalz
1 Zwiebel, fein gehackt
2 Knoblauchzehen, fein gehackt
100 g rote Linsen
1 l Gemüsebrühe
½ TL gemahlener Kreuzkümmel
1 TL Harissa
Salz
frisch gemahlener schwarzer Pfeffer
2 EL Minze, fein gehackt
4 EL Naturjoghurt

1 Den Mangold waschen, putzen und die dicken Blattstiele herausschneiden. Die Stiele in Würfel schneiden und die Blätter grob zerkleinern.
Die Kartoffeln waschen, schälen, halbieren und in feine Spalten schneiden.

2 Das Butterschmalz in einem Topf erhitzen. Mangoldstiele, Zwiebeln und Knoblauch glasig anschwitzen. Kartoffeln, Linsen und Mangoldblätter dazugeben und die Brühe angießen. Mit Kreuzkümmel, Harissa, Salz und Pfeffer würzen und 15 Minuten köcheln lassen.

3 Die Hälfte der Minze untermischen und den Eintopf mit Salz und Pfeffer abschmecken. Portionsweise mit jeweils 1 Esslöffel Joghurt anrichten und mit der restlichen Minze bestreuen.

Harissa ist eine scharfe, nordafrikanische Würzpaste aus Chilischoten, Knoblauch, Koriander, Kümmel und Salz. Es wird zum Aromatisieren von Eintöpfen, Eierspeisen, Fisch und Fleisch verwendet.

STAUB

Scharfer Süßkartoffel-Kürbis-Eintopf

Zubereitungszeit: 45 Minuten
Für 4 Personen
500 g Süßkartoffeln
500 g Kürbisfruchtfleisch (Hokkaido)
20 g frischer Ingwer
2 EL Olivenöl
1 Zwiebel, fein gehackt
1 Knoblauchzehe, fein gehackt
1 TL scharfes Currypulver
2 TL Paprika edelsüß
600 ml Gemüsebrühe
Salz
frisch gemahlener schwarzer Pfeffer
200 ml Kokosmilch
2 EL Kürbiskerne

1 Die Süßkartoffeln waschen, schälen und in feine Scheiben schneiden. Das Kürbisfruchtfleisch in kleine Würfel schneiden. Den Ingwer schälen und fein hacken.

2 Das Olivenöl in einem Topf erhitzen und Zwiebeln, Knoblauch und Ingwer anschwitzen. Die Süßkartoffeln und den Kürbis dazugeben und einige Minuten anbraten. Mit Curry- und Paprika bestäuben und kurz anrösten. Die Gemüsebrühe angießen und mit Salz und Pfeffer würzen. Bei mittlerer Hitze 10 Minuten garen.

3 Vom Gemüse zwei Schöpfkellen abnehmen und mit der Kokosmilch im Mixer pürieren. Unter den Eintopf rühren und 5 Minuten weiterköcheln lassen. Mit Salz und Pfeffer abschmecken.

4 Die Kürbiskerne in einer beschichteten Pfanne ohne Fett rösten. Den Eintopf portionsweise anrichten und mit den Kürbiskernen bestreuen.

Bunter Linseneintopf

Zubereitungszeit: 25 Minuten
Garzeit: 1 Stunde
Für 4 Personen

250 g braune Linsen
2 EL Pflanzenöl
1 Zwiebel, fein gehackt
1 Lorbeerblatt
2 Stängel Liebstöckel
1 l Gemüsebrühe
1 Stange Lauch
1 Stange Staudensellerie
2 Möhren
1 EL Pflanzenöl
2 Fleischtomaten
Salz
frisch gemahlener schwarzer Pfeffer
1 Bund glatte Petersilie
1–2 TL Zucker
1–2 EL milder Weinessig

1 Die Linsen unter fließendem kaltem Wasser waschen und abtropfen lassen.

2 Die Hälfte des Öls erhitzen und die Zwiebeln glasig anschwitzen. Die Linsen dazugeben, das Lorbeerblatt und den Liebstöckel einlegen und die Brühe angießen. Zum Kochen bringen und 30 Minuten zugedeckt bei mittlerer Hitze köcheln lassen.

3 Lauch, Selleriestange und Möhren waschen und putzen bzw. schälen. Alles in kleine Würfel schneiden. Das restliche Öl in einer Pfanne erhitzen und das Gemüse unter Rühren sanft anbraten. Anschließend das Gemüse unter die Linsen mischen und 15 Minuten weiterköcheln lassen.

4 Die Tomaten mit kochend heißem Wasser überbrühen, enthäuten, vierteln, entkernen und das Fruchtfleisch in große Würfel schneiden. Zu den Linsen geben und mit Salz und Pfeffer kräftig würzen. Zugedeckt weitere 15 Minuten weitergaren, bis die Linsen weich sind.

5 Die Petersilie waschen und trocken schütteln. Die Blätter von den Stängeln zupfen und fein hacken. Das Lorbeerblatt und die Liebstöckelstängel entfernen.

6 Den Linseneintopf mit Zucker und Essig süßsauer abschmecken. Mit der Petersilie bestreuen und heiß servieren.

Tipp: Linsen müssen vor dem Kochen nicht eingeweicht werden. Allerdings sollte man sie unter kaltem Wasser abspülen und in kalter Brühe aufsetzen. Sie werden erst am Schluss gesalzen, weil sie sonst nicht gleichmäßig garen.

Zwiebelsuppe nach Art der Pariser Hallen

Zubereitungszeit: 45 Minuten
Für 4 Personen

- 500 g Zwiebeln
- 2 EL Butterschmalz
- 1 EL Mehl
- 500 ml Gemüsebrühe
- 400 ml Milch
- Salz
- frisch gemahlener schwarzer Pfeffer
- 1 TL Fines Herbes (Gewürzmischung)
- 2 Lorbeerblätter
- 4 Scheiben Weißbrot
- 100 g geriebener Gruyère (alternativ Emmentaler oder Gouda)

1 Die Zwiebeln schälen, halbieren und in dünne Scheiben schneiden.

2 Das Butterschmalz in einem weiten Topf erhitzen und die Zwiebeln goldgelb anbraten. Mit dem Mehl bestäuben und die Brühe sowie die Milch angießen. Mit Salz, Pfeffer und Fines Herbes würzen, die Lorbeerblätter einlegen. Zugedeckt bei kleiner Hitze ca. 25 Minuten köcheln lassen.

3 Die Suppe mit Salz und Pfeffer abschmecken. Die Lorbeerblätter entfernen. Die Suppe in vier feuerfeste Schalen füllen.

4 Das Brot toasten, in die Suppe legen und mit dem Käse bestreuen. Unter dem heißen Grill im Backofen gratinieren, bis der Käse zerläuft.

Easy Cooking

Einfach, schnell und gut.
Aromatische Alltagsküche, die nicht alltäglich ist
und dennoch leicht gelingt.

Neue Kartoffeln mit Frankfurter Grüner Sauce

Zubereitungszeit: 30 Minuten
Für 4 Personen

- 1 kg kleine neue Kartoffeln
- Salz
- 100 g Cornichons
- 2 hart gekochte Eier
- 200 g Magerquark
- 200 g Schmand
- 100 g Salatmayonnaise
- 1 Schalotte, fein gehackt
- 5 EL gemischte Kräuter, fein gehackt (z. B. Borretsch, Kerbel, Kresse, Petersilie, Pimpinelle, Sauerampfer und Schnittlauch)
- frisch gemahlener schwarzer Pfeffer
- 1 EL Zitronensaft

1 Die Kartoffeln gründlich waschen, knapp mit Salzwasser bedecken und ca. 20 Minuten kochen.

2 Die Cornichons und die Eier fein hacken.

3 Den Magerquark mit dem Schmand und der Mayonnaise glatt verrühren. Cornichons, Eier, Schalotten und Kräuter untermischen. Mit Salz, Pfeffer und Zitronensaft abschmecken.

4 Die Kartoffeln abgießen und kurz ausdampfen lassen. Nach Belieben schälen oder mit Schale servieren. Die Grüne Sauce getrennt dazu reichen.

Schon Johann Wolfgang von Goethe schätzte die Grüne Sauce, eine Spezialität seiner Heimatstadt Frankfurt. Es gibt unzählige Rezeptvarianten, doch eines müssen sie alle enthalten: die sieben Kräuter Petersilie, Sauerampfer, Borretsch, Kerbel, Pimpinelle, Kresse und Schnittlauch.

Gnocchi mit Pilz-Fenchel-Ragout

Zubereitungszeit: 35 Minuten
Für 4 Personen

400 g Kräuterseitlinge
400 g Shiitake-Pilze
1 Fenchelknolle
2 EL Pflanzenöl
1 Zwiebel, fein gehackt
800 g Gnocchi (Fertigprodukt)
2 EL Butterschmalz
½ TL getrockneter Thymian
½ TL getrockneter Estragon
½–1 TL Piment d'Espelette
abgeriebene Schale von
1 Bio-Zitrone
200 ml Weißwein
200 g Sahne
Salz
frisch gemahlener schwarzer Pfeffer
2 EL Petersilie, fein gehackt
½ Belper Knolle

1 Die Pilze putzen und in feine Scheiben schneiden. Die Fenchelknolle waschen, die äußeren harten Blätter ablösen, den Strunk abschneiden. Die Knolle längs vierteln, dann in dünne Scheiben schneiden.

2 Das Öl in einer großen beschichteten Pfanne erhitzen. Die Zwiebeln und den Fenchel darin 5 Minuten anschwitzen, dabei mehrmals wenden. Die Pilze dazugeben und weitere 5 Minuten bei mittlerer Hitze unter Rühren braten.

3 Das Butterschmalz zerlassen und die Gnocchi von allen Seiten goldgelb anbraten.

4 Das Pilzgemüse mit Thymian, Estragon, Piment d'Espelette und dem Zitronenabrieb würzen. Den Weißwein, 100 ml Wasser und die Sahne angießen, mit Salz und Pfeffer würzen. 5 Minuten bei kleiner Hitze köcheln lassen.

5 Die Petersilie unter das Gemüse mischen und mit Salz und Pfeffer abschmecken. Portionsweise mit den Gnocchi anrichten. Die Belper Knolle in dünnen Scheiben über die Gnocchi hobeln.

Die Belper Knolle ist eine Schweizer Käsespezialität, die noch in Handarbeit produziert wird. Die mit Pfefferstaub bedeckte Knolle ist eigentlich ein Frischkäse, der aus silofreier Kuhmilch und Knoblauch hergestellt wird und neun Wochen im Käsekeller reift.

Pfifferlinge mit Rührei und Gurkensalat

Zubereitungszeit: 30 Minuten
Für 4 Personen

- 1 Salatgurke
- Salz
- 1 Bund Dill
- 3 EL Weißweinessig
- 6 EL Öl
- 1 Prise Zucker
- frisch gemahlener schwarzer Pfeffer
- 400 g Pfifferlinge
- 1 Bund glatte Petersilie
- 2 EL Butter
- 1 kleine Zwiebel, fein gehackt
- 8 Eier

1 Die Gurke schälen und in feine Scheiben hobeln. In ein Sieb legen und mit 1 Esslöffel Salz bestreuen. 10 Minuten Wasser ziehen lassen.

2 Den Dill abbrausen, trocken schütteln und ohne grobe Stiele fein hacken. Essig und Öl mit Zucker und Pfeffer aufschlagen. Die Gurkenscheiben in eine Salatschüssel geben, den Dill und das Dressing darüber verteilen und gründlich untermischen.

3 Die Pfifferlinge putzen und säubern, große Pilze halbieren oder vierteln. Die Petersilie waschen und trocken schütteln. Die Blätter von den Stängeln zupfen und fein hacken.

4 Die Butter in einer großen Pfanne zerlassen und die Zwiebeln glasig anschwitzen. Die Pfifferlinge zufügen und unter Rühren kurz anbraten. Die Petersilie untermischen und mit Salz und Pfeffer würzen.

5. Die Eier verquirlen und über die Pilze gießen. Bei kleiner Hitze stocken lassen, dabei die Pfanne gelegentlich rütteln. Portionsweise anrichten.

Tipp: Waldpilze nicht waschen, sondern nur mit einer weichen Bürste oder einem feuchten Tuch säubern. Die Pilze saugen – wie ihr bayerischer Name »Schwammerl« verrät – das Wasser wie ein Schwamm auf und verlieren beim Garen dadurch an Geschmack.

Artischocken-Frittata

Zubereitungszeit: 25 Minuten
Für 4 Personen

1 Bund Rucola
4 in Öl eingelegte Artischockenherzen
6 Eier
3 EL Sahne
Salz
frisch gemahlener schwarzer Pfeffer
½ TL Paprika edelsüß
2 EL Olivenöl
1 Schalotte, fein gehackt
1 EL Petersilie, fein gehackt

1 Die Rucola waschen und trocken schütteln. Die Blätter ohne grobe Stiele hacken. Die Artischockenherzen vierteln.
2 Die Eier mit der Sahne verquirlen. Die Rucola untermischen und mit Salz, Pfeffer und Paprika würzen.
3 Das Olivenöl in einer großen beschichteten Pfanne erhitzen. Die Schalotten glasig anschwitzen, die Artischocken dazugeben und kurz anbraten.
4 Die Eiercreme darübergießen und bei kleiner Hitze ca. 10 Minuten stocken lassen.
5 Die Frittata in mundgerechte Stücke schneiden und mit der Petersilie bestreuen.

Die Frittata ist Italiens Antwort auf das französische Omelett und die spanische Tortilla. Bei den Zutaten sind der kulinarischen Fantasie kaum Grenzen gesetzt. Häufig verwerten italienische Hausfrauen auch Pastareste vom Vortag für eine schmackhafte Frittata.

Pochierte Eier im Tontopf mit Orangensauce

Zubereitungszeit: 25 Minuten
Backen: 10 Minuten
Für 4 Personen

- 2 EL Butter
- 2 EL Mehl
- 250 ml Gemüsebrühe
- Saft von 2 Orangen
- Salz
- ½ TL Cayennepfeffer
- frisch geriebene Muskatnuss
- 4 cl Sherry
- 80 ml Weinessig
- 4 Eier
- 1 TL Olivenöl
- 100 g Sahne
- 1 EL Dill, fein gehackt
- 1 EL Estragon, fein gehackt
- 60 g frisch geriebener Manchego (alternativ Gouda)

1 Die Butter zerlassen, das Mehl einrühren und hell anschwitzen. Unter Rühren die Gemüsebrühe und den Orangensaft angießen. Die Sauce mit Salz, Cayennepfeffer, Muskatnuss und Sherry würzen und dicklich einkochen lassen, dabei öfter umrühren. Den Backofen auf 200 °C (Umluft 180 °C) vorheizen.

2 In einem großen Topf 2 Liter Wasser zum Kochen bringen. Den Essig und 1 Teelöffel Salz zufügen. Die Eier einzeln in eine Schöpfkelle aufschlagen und nacheinander in das kochende Wasser gleiten lassen. Dabei nach jedem Ei warten, bis das Wasser wieder kocht. Zugedeckt 5 Minuten in leicht siedendem Wasser pochieren, bis das Eiweiß fest ist. Die Eier einzeln mit dem Schaumlöffel herausheben und auf Küchenpapier abtropfen lassen.

3 Eine runde feuerfeste Tonform mit Olivenöl ausstreichen. Die Orangensauce einfüllen und die Eier daraufsetzen.

4 Die Sahne mit den Kräutern verrühren, über die Eier gießen und mit dem Käse bestreuen. Im heißen Ofen ca. 10 Minuten überbacken. In der Form auftragen.

Die Spanier kochen gerne in Tonformen. Diese sind nicht nur dekorativ, die Gerichte werden in dem traditionellen Kochgeschirr auch besonders schmackhaft.

Gebratener Duftreis mit Omelettstreifen

Zubereitungszeit: 30 Minuten

Für 4 Personen

250 g Pak Choi
1 rote Paprikaschote
1 Möhre
100 g Shiitake-Pilze
1 rote Chilischote
3 EL Pflanzenöl
1 Zwiebel, fein gehackt
1 Knoblauchzehe, fein gehackt
400 g gekochter Duftreis
2 EL Sojasauce
Salz
frisch gemahlener schwarzer Pfeffer
2 Eier
1 TL Kurkuma
1 EL Sesamöl
1 EL Koriander, fein gehackt

1 Das Gemüse waschen und putzen bzw. schälen. Die Paprikaschote halbieren, entkernen und quer in feine Streifen schneiden. Den Pak Choi und die Pilze ebenfalls in Streifen, die Möhre schräg in feine Scheiben schneiden. Die Chilischote halbieren, entkernen und fein würfeln.

2 Das Öl in einer großen Pfanne oder im Wok erhitzen und die Zwiebeln und den Knoblauch glasig anschwitzen. Das Gemüse dazugeben und kurz anrösten. Den Reis untermischen und die Sojasauce angießen. 10 Minuten braten, dabei gelegentlich umrühren. Mit Salz und Pfeffer würzen.

3 Die Eier mit Kurkuma verquirlen. Das Sesamöl in einer beschichteten Pfanne erhitzen. Die Eimasse in die Pfanne geben und 2 Minuten stocken lassen. Das Omelett wenden und auf der zweiten Seite ebenfalls 2 Minuten braten.

4 Den Gemüsereis auf vier Tellern anrichten. Das Omelett in breite Streifen schneiden, auf den Reis legen und mit Koriander bestreuen.

Unter der Bezeichnung Duftreis werden äußerst aromatische Reissorten zusammengefasst, die nicht mit irgendwelchen Essenzen behandelt worden sind, sondern ihr Aroma den stark mineralhaltigen Böden Thailands (Thaireis) und Nordindiens (Basmatireis) verdanken.

Schupfnudeln mit Sanddorn-Rahmkraut

Zubereitungszeit: 30 Minuten
Für 4 Personen
1 Bio-Apfel
1 Zwiebel, fein gehackt
2 EL Salbeiöl
1 TL Zucker
500 g Sauerkraut
2 Lorbeerblätter
5 Wacholderbeeren
250 ml Gemüsebrühe
2–3 EL Sanddornfruchtaufstrich
750 g Schupfnudeln
2 EL Butterschmalz
100 g Sauerrahm
1 EL Petersilie, fein gehackt

1 Den Apfel waschen, vierteln, entkernen und mit der Schale in kleine Würfel schneiden.

2 Das Salbeiöl in einer tiefen Pfanne erhitzen und die Zwiebeln glasig anschwitzen. Den Zucker darüberstreuen und karamellisieren lassen.

3 Das Sauerkraut und die Äpfel dazugeben und die Gemüsebrühe angießen. Die Lorbeerblätter und die Wacholderbeeren einlegen und den Sanddornfruchtaufstrich unterrühren. 20 Minuten bei kleiner Hitze zugedeckt köcheln lassen.

4 Das Butterschmalz in einer großen Pfanne erhitzen und die Schupfnudeln rundum goldgelb anbraten.

5 Den Sauerrahm unter das Kraut mischen. Portionsweise mit den Schupfnudeln anrichten und mit der Petersilie bestreuen.

Schupfnudeln werden aus Kartoffelteig hergestellt. Sie sind eine bekannte süddeutsche Spezialität – sowohl mit Kraut als auch in der süßen Variante mit Kompott, Zucker und Zimt.

Gemüsenudeln mit würziger Tomatensauce

Zubereitungszeit: 30 Minuten
Für 4 Personen

- 2 Stangen Staudensellerie
- ½ TL Kreuzkümmelsamen
- 3 Pimentkörner
- ½ TL Korianderkörner
- 4 EL Olivenöl
- 1 Gemüsezwiebel, fein gehackt
- 1 Knoblauchzehe, fein gehackt
- 400 g stückige Tomaten (Dose)
- 1 TL Zucker
- Salz
- frisch gemahlener schwarzer Pfeffer
- 2 Möhren
- 2 Zucchini
- 2 Stangen Lauch
- 300 g Pappardelle
- Basilikumblätter

1 Die Selleriestangen putzen, waschen und in kleine Würfel schneiden. Kreuzkümmelsamen, Piment- und Korianderkörner im Mörser fein zerstoßen.

2 2 Esslöffel Olivenöl in einer tiefen Pfanne erhitzen und die Zwiebeln sowie den Knoblauch glasig anschwitzen. Die Gewürze dazugeben und anrösten. Die Tomaten zufügen, mit Zucker, Salz und Pfeffer würzen. 20 Minuten bei kleiner Hitze köcheln lassen.

3 Möhren, Zucchini und Lauch waschen und putzen bzw. schälen. Die Möhren und Zucchini der Länge nach auf dem Trüffel- oder Gurkenhobel in feine Scheiben hobeln. Den weißen Teil des Lauchs längs halbieren.

4 Die Nudeln in kochendem Salzwasser 5 Minuten garen. Die Möhren und den Lauch untermischen und mitkochen, bis die Nudeln bissfest sind. Abgießen und abtropfen lassen.

5 Das restliche Olivenöl in einer tiefen Pfanne erhitzen. Die Zucchinistreifen kurz darin anbraten. Nudeln, Möhren und Lauch unterheben, im Olivenöl schwenken und mit Salz und Pfeffer würzen.

6 Die Gemüsenudeln portionsweise mit der Tomatensauce anrichten und mit Basilikumblättern garnieren.

Pappardelle kommt vom italienischen Wort »pappare« (verschlingen), denn die breiten Nudeln schmecken so gut, dass sie nie lange auf dem Teller liegen bleiben.

Gebratene Selleriescheiben mit Sahnewirsing

Zubereitungszeit: 35 Minuten

- 1 Kopf Wirsing
- 4 junge Sellerieknollen
- 3 EL Butterschmalz
- 1 Zwiebel, fein gehackt
- 1–2 TL Curry
- 200 ml Weißwein
- Salz und Pfeffer
- 200 g Sahne

1 Den Wirsing waschen, putzen, der Länge nach halbieren und den holzigen Strunk keilförmig herausschneiden. Den Wirsing quer zum Blatt in möglichst schmale Streifen schneiden. Die Sellerieknollen waschen, schälen, halbieren und in feine Scheiben hobeln.

2 1 Esslöffel Butterschmalz in einer Pfanne erhitzen und den Wirsing unter Rühren einige Minuten anbraten, aber nicht braun werden lassen. Mit dem Curry bestäuben und kurz anrösten. Mit dem Weißwein ablöschen und 200 ml Wasser angießen. Mit Salz und Pfeffer würzen und ca. 10 Minuten bissfest garen, dabei mehrfach wenden.

3 Das restliche Butterschmalz in einer großen Pfanne erhitzen und die Selleriescheiben auf beiden Seiten goldgelb braten. Mit Salz und Pfeffer würzen.

4 Die Sahne unter den Wirsing rühren und einmal aufkochen lassen. Mit Salz und Pfeffer abschmecken und portionsweise mit den Selleriescheiben anrichten.

Die Selleriescheiben sind eine wohlschmeckende Alternative zu Bratkartoffeln. Raffiniert sind auch gebackene Süßkartoffelscheiben zum bodenständigen Wirsing.

Farfalle mit getrockneten Tomaten und Rucolapesto

Zubereitungszeit: 25 Minuten

30 g in Öl eingelegte getrocknete Tomaten
1 Bund Rucola
50 g Pinienkerne
2 Knoblauchzehen, fein gehackt
Salz
100 ml Olivenöl
1 EL frisch geriebener Parmesan
400 g Farfalle
150 g tiefgekühlte Erbsen
frisch gemahlener schwarzer Pfeffer

1 Die Tomaten in kleine Würfel schneiden. Die Rucola waschen und trocken schütteln. Welke Blätter und grobe Stiele entfernen. Die Rucola fein hacken.
2 Die Pinienkerne in einer beschichteten Pfanne ohne Fett goldgelb rösten. Die Hälfte der Pinienkerne in einem großen Mörser mit der Rucola, dem Knoblauch und einem ½ Teelöffel Salz musig zermahlen. Nach und nach das Olivenöl einarbeiten, zuletzt den Parmesan und die Tomaten untermischen.
3 Die Pasta in reichlich kochendem Salzwasser bissfest garen. 5 Minuten vor Ende der Garzeit die Erbsen dazugeben und mitkochen.
4 Pasta und Erbsen abgießen und tropfnass in einer vorgewärmten Schüssel mit dem Rucolapesto vermischen. Mit Salz und Pfeffer abschmecken. Portionsweise anrichten und mit den restlichen Pinienkernen bestreuen.

Kein Land hat so schöne Namen für seine Nudeln wie Italien. Sie heißen u.a. Farfalle (Schmetterlinge), Orecchiette (Öhrchen) oder Stelline (Sternchen).

Gebackener Radicchio mit Möhren-Pastinaken-Püree

Zubereitungszeit: 35 Minuten
Für 4 Personen

- 500 g Pastinaken
- 500 g Möhren
- 2 kleine Köpfe Radicchio
- 1 EL Butterschmalz
- 1 Zwiebel, fein gehackt
- 1 TL Zucker
- Salz
- frisch gemahlener schwarzer Pfeffer
- 4 EL Mehl
- 2 Eier
- 3 EL Semmelbrösel
- 1 EL frisch geriebener Parmesan
- 125 ml Olivenöl
- 1 Bio-Zitrone, geachtelt

1 Pastinaken, Möhren und Radicchio waschen. Pastinaken und Möhren schälen und in kleine Würfel schneiden. Den Radicchio halbieren, die äußeren Blätter und den Strunk entfernen.
2 Das Butterschmalz zerlassen und die Zwiebeln glasig anschwitzen. Mit dem Zucker bestreuen und leicht karamellisieren lassen. Die Möhren und die Pastinaken zufügen und kurz anschwitzen. 300 ml Wasser angießen und leicht salzen.
3 Das Gemüse zugedeckt ca. 20 Minuten bei kleiner Hitze garen. Mit dem Stabmixer zu einem sämigen Püree aufmixen, mit Salz und Pfeffer würzen und warm halten.
4 Das Mehl in einen tiefen Teller geben. 2 Eier in einem zweiten Teller mit Salz und Pfeffer verquirlen. Im dritten Teller die Semmelbrösel mit dem Parmesan mischen. Die Radicchiohälften zuerst im Mehl, dann im Ei und zuletzt in den Semmelbröseln wenden.
5 Das Olivenöl in einer tiefen Pfanne erhitzen und den Radicchio auf beiden Seiten goldbraun braten. Aus der Pfanne heben und auf Küchenpapier abtropfen lassen. Portionsweise mit dem Püree anrichten und mit Zitronenschnitzen garnieren.

Zu Unrecht wird der mit Chicorée und Endivie verwandte Radicchio außerhalb Italiens fast nur als Salatzutat verwendet. Auch gedünstet, gebraten oder gegrillt schmeckt er sehr fein.

Tagliatelle mit Dicken Bohnen und Ziegenfrischkäse

Zubereitungszeit: 30 Minuten
Für 4 Personen

200 g Dicke Bohnen (Tiefkühlware)
Salz
150 g Zuckerschoten
3 Frühlingszwiebeln
1 Bund Zitronenthymian
150 g Sahne
150 g Ziegenfrischkäse
abgeriebene Schale
von 1 Bio-Zitrone
frisch gemahlener schwarzer Pfeffer
frisch geriebene Muskatnuss
400 g grüne Tagliatelle

1 Die Bohnen in Salzwasser 10 Minuten kochen. Abgießen, kurz in Eiswasser abschrecken und abtropfen lassen.
2 Die Zuckerschoten und die Frühlingszwiebeln waschen und putzen. Die Zuckerschoten quer in breite Streifen schneiden, die Frühlingszwiebeln in kleine Würfel schneiden. Den Zitronenthymian waschen, trocken schütteln und die Blättchen von den Stängeln streifen.
3 Die Sahne erhitzen, den Ziegenfrischkäse einrühren und die Sauce so lange köcheln lassen, bis sie sämig ist. Mit dem Zitronenabrieb sowie Salz, Pfeffer und Muskat würzen.
4 Die Tagliatelle in reichlich kochendem Salzwasser knapp bissfest garen. Abgießen und abtropfen lassen.
5 Das Olivenöl erhitzen und die Frühlingszwiebeln sowie die Zuckerschoten anschwitzen. Die Käsesahne angießen, die Bohnen und die Pasta untermischen und bei kleiner Hitze einige Minuten in der Sauce ziehen lassen.
6 Die Pasta portionsweise anrichten und mit den Thymianbättchen bestreuen.

Variante: Wer den intensiven Geschmack des Ziegenfrischkäses nicht mag, kann ihn durch Kuhmilchfrischkäse ersetzen.

Rigatoni alla puttanesca

Zubereitungszeit: 30 Minuten
Für 4 Personen

- 100 g entsteinte schwarze Oliven
- 1 große Dose geschälte Tomaten (800 g)
- 4 EL Olivenöl
- 2 weiße Zwiebeln, fein gehackt
- 1 Knoblauchzehe, fein gehackt
- 2 EL Tomatenmark
- 125 ml Rotwein
- 60 g kleine Kapern
- Salz
- 1 TL Zucker
- frisch gemahlener schwarzer Pfeffer
- 1 TL getrockneter Oregano
- 400 g Rigatoni
- 100 g frisch geriebener Parmesan

1 Die Oliven vierteln. Die Tomaten abgießen, abtropfen lassen und in kleine Würfel schneiden.

2 Das Olivenöl erhitzen und die Zwiebeln und den Knoblauch glasig anschwitzen. Das Tomatenmark dazugeben und anrösten. Mit dem Rotwein ablöschen.

3 Tomaten, Oliven und Kapern untermischen und mit Salz, Zucker, Pfeffer und Oregano würzen. Bei kleiner Hitze 20 Minuten köcheln lassen.

4 Die Rigatoni in Salzwasser bissfest garen. Abgießen und tropfnass unter die Tomatensauce heben. Portionsweise anrichten. Den Parmesan getrennt dazu reichen.

Im Original wird diese Pasta mit Sardellenfilets zubereitet. Doch auch ohne Fisch bringt dieses Nudelgericht den Geschmack des Südens auf den Tisch.

Spitzkrautfleckerl

Zubereitungszeit: 30 Minuten
Für 4 Personen

500 g Spitzkohl
1 EL Pflanzenöl
40 g Butter
1 rote Zwiebel, fein gehackt
1 TL Puderzucker
1 Sternanis
1 TL Pimentón de la Vera (geröstetes Paprikapulver)
150 ml Gemüsebrühe
250 g breite Bandnudeln
Salz
frisch gemahlener schwarzer Pfeffer
1 EL Akazienhonig-Essig
1 Bund Schnittlauch

1 Den Spitzkohl waschen, halbieren, den dicken Strunk keilförmig herausschneiden und die Blätter in ca. 2 cm große Quadrate (Fleckerl) schneiden.
2 In einer tiefen Pfanne das Öl und die Butter erhitzen. Die Zwiebeln dazugeben und glasig anschwitzen. Mit dem Puderzucker bestreuen und leicht karamellisieren lassen. Den Sternanis und das Paprikapulver zufügen.
3 Den Spitzkohl untermischen und unter Rühren anbraten, bis er zu bräunen beginnt. Mit der Brühe ablöschen und bei kleiner Hitze 10 Minuten dünsten.
4 Die Bandnudeln in kleine Stücke brechen. In reichlich kochendem Salzwasser knapp bissfest garen.
5 Die Nudeln abgießen und tropfnass unter den Spitzkohl mischen. Mit Salz, Pfeffer und Essig abschmecken und kurz ziehen lassen.
6 Den Schnittlauch waschen, trocken schütteln und in feine Röllchen schneiden. Vor dem Servieren über die Spitzkohlfleckerl verteilen.

Geräuchertes Paprikapulver wird aus reifen Paprikaschoten hergestellt, die im kalten Rauch von Eichenholz geräuchert und anschließend fein vermahlen werden. Es verleiht Gemüse eine feine Schärfe und eine rauchig-würzige Note.

Frisch aus dem Ofen

Klassiker in neuem Gewand.
Feine Aufläufe, Gratins und Blechkuchen,
pikant gewürzt und heiß geliebt.

Lauchkuchen mit Feldsalat

Zubereitungszeit: 30 Minuten
Backzeit: 40 Minuten
Für 4–6 Personen

5 Stangen Lauch
3 Eier
125 ml Weißwein
100 g Hüttenkäse
100 g Kräuterfrischkäse
2 EL Petersilie, fein gehackt
Salz
frisch gemahlener schwarzer Pfeffer
frisch geriebene Muskatnuss
½ TL Piment d'Espelette
1 fertiger Blätterteig (rund ausgerollt) aus dem Kühlregal
200 g geriebener Sbrinz (alternativ Emmentaler)
250 g Feldsalat
1 Schalotte, fein gehackt
2 EL Blütenhonigessig
3 EL Pflanzenöl
1 EL Kürbiskernöl

1 Den Lauch längs halbieren, gründlich waschen und in schmale Streifen schneiden.

2 Die Eier mit dem Weißwein verquirlen. Hüttenkäse, Frischkäse und Petersilie unterrühren und mit Salz, Pfeffer, Muskat und Piment d'Espelette würzen. Den Backofen auf 200 °C (Umluft 180 °C) vorheizen.

3 Eine runde feuerfeste Form mit kaltem Wasser ausspülen. Den Blätterteig ausrollen und die Form damit auslegen. Den Teig am Rand hochziehen und andrücken. Den Teigboden mehrmals mit einer Gabel einstechen.

4 Die Hälfte des geriebenen Käses auf den Teigboden streuen. Den Lauch darauf verteilen und mit der Ei-Käse-Creme übergießen. Mit dem restlichen Käse bestreuen. Im heißen Ofen ca. 40 Minuten backen.

5 Den Felsalat putzen, waschen und trocken schleudern. Aus Blütenhonigessig, beiden Ölen, Salz und Pfeffer ein Dressing anrühren. Den Feldsalat in eine Schüssel geben, das Salatdressing angießen und alles vorsichtig miteinander vermengen. Getrennt zum Lauchkuchen servieren.

Variante: Anstelle von Lauch 750 g geputzte Brokkoli- oder Romanescoröschen verwenden.

Griechische Zwiebelpastete mit Gartenmelde

Zubereitungszeit: 30 Minuten
Backzeit: 45 Minuten
Für 6 Personen

500 g Gemüsezwiebeln
250 g Gartenmelde (alternativ Blattspinat)
250 g Stielmangold
3 EL Olivenöl
2 Knoblauchzehen, fein gehackt
Salz
frisch gemahlener schwarzer Pfeffer
4 Eier
350 g Manouri (alternativ Frischkäse)
2 EL Dill, fein gehackt
125 g Butter
500 g Filoteigblätter

1 Die Zwiebeln schälen und in feine Scheiben hobeln.

2 Die Gartenmelde und den Mangold waschen, trocken schleudern und putzen. Die dicken Stiele vom Mangold herausschneiden und in kleine Würfel schneiden. Die Blätter in schmale Streifen schneiden. Die Gartenmelde grob hacken.

3 Das Olivenöl in einem Topf erhitzen und Mangoldstiele, Zwiebeln sowie Knoblauch glasig anschwitzen. Mangoldblätter und Gartenmelde untermischen und einige Minuten dünsten. Mit Salz und Pfeffer würzen.

4 Die Eier verquirlen, den Manouri und den Dill unterrühren. Mit dem Mangoldgemüse vermengen. Den Backofen auf 220 °C (Umluft 200 °C) vorheizen.

5 Die Butter zerlassen. Eine feuerfeste Auflaufform mit Butter ausstreichen und mit einem Drittel der Filoteigblätter auslegen. Die Teigblätter mit einem Drittel der flüssigen Butter bestreichen. Die Hälfte der Gemüsemasse darauf verteilen. Die Hälfte der restlichen Teigblätter darauflegen und mit Butter bestreichen. Die restliche Gemüsemasse und die übrigen Teigblätter einschichten. Die oberen Teigblätter mehrmals mit einer Gabel einstechen und mit der restlichen Butter beträufeln.

6 Im heißen Ofen ca. 45 Minuten backen.

7 Die Pastete in der Form etwas ruhen lassen. Lauwarm servieren.

Manouri ist ein bekannter griechischer Käse, der aus Ziegen- und Schafsmilch hergestellt wird. Er wird in Kugel- oder Wurstform angeboten.

Auberginen mit Schafskäse und Tomaten gefüllt

Zubereitungszeit: 30 Minuten
Garzeit: 45 Minuten
Für 4 Personen
2 große Auberginen
Salz
4 Tomaten
2 rote Zwiebeln
150 g Feta
100 ml Olivenöl
Salz
frisch gemahlener schwarzer Pfeffer
500 g passierte Tomaten
2 Knoblauchzehen, fein gehackt
1 TL Berbere (Gewürzmischung)
1 EL Thymian, fein gehackt

1 Die Auberginen waschen, trocken tupfen und längs halbieren. Die Hälften der Länge nach bis kurz vor den Stielansatz in ca. 1 cm breite Scheiben schneiden. Die Scheiben sollen am Stielansatz noch zusammenhängen.

2 Die Tomaten waschen. Die Zwiebeln schälen und halbieren. Tomaten, Zwiebeln und Feta in Scheiben schneiden. Den Backofen auf 200 °C (Umluft 180 °C) vorheizen.

3 Eine große feuerfeste Form mit Olivenöl ausstreichen und die Auberginen mit der Schnittfläche nach unten hineinsetzen. Die Scheiben fächerförmig auseinanderziehen. Zwischen die Scheiben abwechselnd Tomaten, Feta und Zwiebeln stecken. Mit Salz und Pfeffer würzen.

4 Die passierten Tomaten mit Knoblauch und Berbere verrühren, um die Auberginen verteilen. Das restliche Olivenöl über die Auberginen träufeln.

5 Im heißen Ofen ca. 45 Minuten backen. Portionsweise mit der Tomatensauce anrichten und mit dem Thymian bestreuen.

In der Türkei heißt das Gericht »imam bayildi« (türkisch für: Der Imam fiel in Ohnmacht). Der Legende nach soll ein Imam vor Begeisterung über die wohlschmeckende Köstlichkeit kurz das Bewusstsein verloren haben.

Brokkoliflan mit Zucchini und Oliven

Zubereitungszeit: 35 Minuten
Garzeit: 50 Minuten
Für 4–6 Personen

750 g Brokkoli
4 EL Olivenöl
1 kleine Zwiebel, fein gehackt
Salz
frisch gemahlener schwarzer Pfeffer
frisch geriebene Muskatnuss
2 kleine Zucchini
100 g entsteinte schwarze Oliven
100 g Sahne
4 Eier
2 EL Kartoffelpüreeflocken
2 EL Petersilie, fein gehackt
2 EL gemahlene Haselnüsse
1 TL Butter

1 Den Brokkoli waschen und in Röschen zerteilen.

2 2 Esslöffel Olivenöl erhitzen und die Zwiebeln glasig anschwitzen. Den Brokkoli zufügen und 250 ml Wasser angießen. Bei mittlerer Hitze zugedeckt 10 Minuten dünsten. Den Brokkoli abgießen und im Mixer glatt pürieren. Mit Salz, Pfeffer und Muskat würzen.

3 Die Zucchini waschen, putzen und quer in feine Scheiben schneiden. Das restliche Olivenöl erhitzen und die Zucchini kurz anbraten. Mit Salz und Pfeffer würzen. Anschließend vom Herd nehmen.

4 Die Oliven vierteln.

5 Die Sahne mit den Eiern verquirlen. Das Brokkolipüree und die Kartoffelpüreeflocken unterrühren. Oliven, Petersilie und die Nüsse untermischen. Mit Salz und Pfeffer abschmecken.

6 Eine Kastenform mit Butter ausstreichen. Abwechslend das Brokkolipüree und die Zucchinischeiben einschichten. Als letzte Schicht Zucchinischeiben einlegen.

7 Die Kastenform in einen großen Bräter oder auf ein tiefes Backblech setzen und halbhoch heißes Wasser angießen.

8 Den Flan im heißen Ofen ca. 50 Minuten stocken lassen. Aus dem Wasserbad heben und vor dem Anschneiden 5 Minuten ruhen lassen.

Der Flan wird zum Festessen, wenn man ihn mit einer würzigen Käsesauce und Spargelsalat serviert.

Mallorquinische Coca mit Blattspinat

Zubereitungszeit: 30 Minuten
Ruhezeit: 1 Stunde
Backzeit: 25 Minuten
Für 6 Personen

500 g Mehl
1 Päckchen Trockenhefe
1 EL Zucker
Salz
70 ml Weißwein
200 ml Olivenöl
1 kg Blattspinat (alternativ Mangold)
1 Gemüsezwiebel, in feine Ringe gehobelt
75 g Rosinen
50 g Pinienkerne
abgeriebene Schale von 1 Bio-Zitrone
1 TL getrockneter Majoran
frisch gemahlener schwarzer Pfeffer
1 Messerspitze Cayennepfeffer

1 Das Mehl in eine Schüssel sieben und mit der Trockenhefe vermischen. Zucker, ½ Teelöffel Salz, Wein, 6 Esslöffel Olivenöl und 100 ml Wasser zugeben und alles zu einem glatten Teig verkneten. Zugedeckt an einem warmen Ort 1 Stunde gehen lassen.

2 Den Spinat verlesen, putzen und gründlich waschen. In einem großen Topf leicht gesalzenes Wasser zum Kochen bringen. Den Spinat tropfnass zufügen und garen, bis er zusammenfällt. Mit dem Schaumlöffel herausheben, kurz in Eiswasser abschrecken und anschließend sorgfältig abtropfen lassen. Den Backofen auf 200 °C (Umluft 180 °C) vorheizen.

3 Ein Backblech mit Olivenöl ausstreichen. Den Teig dünn ausrollen und das Backblech damit legen. Den Spinat darauf verteilen und mit Zwiebelringen, Rosinen und Pinienkernen belegen.

4 Das restliche Olivenöl mit Zitronenabrieb, Majoran, Pfeffer, Cayennepfeffer und Salz verrühren und über den Spinat träufeln. Im heißen Ofen ca. 25 Minuten backen.

Die Coca ist eine Spezialität der Baleareninsel Mallorca. Am häufigsten belegt man den Hefeteig mit frischem Spinat und Rosinen oder Tomaten und Oliven.

Apulische Kartoffelpizza mit Tomaten und Mozzarella

Zubereitungszeit: 40 Minuten
Backzeit: 40 Minuten
Für 4 Personen
400 g mehligkochende Kartoffeln
Salz
150 g Mehl
1 Ei
100 ml Olivenöl
250 g passierte Tomaten
2 TL getrockneter Oregano
frisch gemahlener schwarzer Pfeffer
200 g Büffelmozzarella
2 Knoblauchzehen, in feine Scheiben geschnitten
8 eingelegte milde Peperoni
12 schwarze Oliven
Basilikumblätter

1 Die Kartoffeln waschen und mit der Schale in Salzwasser garen. Abgießen, ausdampfen lassen, schälen und noch warm durch die Kartoffelpresse drücken.

2 Die Kartoffelmasse mit Mehl, Ei, 3 Esslöffeln Olivenöl und einem ½ Teelöffel Salz zu einem glatten Teig verkneten. Eine große runde Pizzaform mit Öl ausstreichen und den Kartoffelteig gleichmäßig hineindrücken. Den Teigboden mit einer Gabel mehrmals einstechen und mit Öl bestreichen. Den Backofen auf 180 °C (Umluft 160 °C) vorheizen.

3 Die passierten Tomaten mit Oregano, Salz und Pfeffer würzen und auf dem Kartoffelteigboden verstreichen.

4 Den Mozzarella in feine Scheiben schneiden. Mit Knoblauch, Peperoni und Oliven auf der Kartoffelpizza verteilen. Mit dem restlichen Olivenöl beträufeln.

5 Im heißen Ofen ca. 40 Minuten backen. Vor dem Servieren mit Basilikumblättern garnieren.

Die Pizza ist neben der Pasta das kulinarische Wahrzeichen Italiens. Ihre Grundlage ist traditionell ein Hefeteigboden. Doch auch mit knusprigem Kartoffelteig ist sie ein Gaumenschmaus.

Elsässer Bäckerkartoffeln mit Wildkräutern

Zubereitungszeit: 30 Minuten
Backzeit: 1 Stunde
Für 4 Personen

- 1 kg festkochende Kartoffeln
- 500 g weiße Zwiebeln
- 2 Knoblauchzehen
- 75 g Wildkräuter (z. B. Giersch, Sauerampfer, Löwenzahn, Vogelmiere)
- 1 TL Butter
- Salz
- frisch gemahlener schwarzer Pfeffer
- 125 ml Gemüsebrühe
- 200 g Sahne
- 150 g Crème fraîche

1 Die Kartoffeln waschen, schälen und in feine Scheiben schneiden.

2 Die Zwiebeln und die Knoblauchzehen schälen und ebenfalls in feine Scheiben schneiden.

3 Die Wildkräuter gründlich waschen und verlesen, grobe Stiele und welke Blätter entfernen. Die Kräuter trocken schleudern und fein hacken. Den Backofen auf 200° C vorheizen.

4 Eine feuerfeste Form mit der Butter ausstreichen. Die Kartoffeln und die Zwiebeln lagenweise in die Form schichten, dabei jede Lage Kartoffeln mit Salz, Pfeffer und einigen Kräutern würzen. Als letzte Schicht Kartoffeln fächerartig auf den Auflauf legen. Mit der Brühe übergießen.

5 Die Sahne und die Crème fraîche verrühren und über den Auflauf geben. Im heißen Ofen ca. 1 Stunde backen.

6 Nach der Hälfte der Garzeit die Form mit Alufolie abdecken, damit der Auflauf nicht zu trocken wird. Die letzten 5 Minuten die Folie wieder entfernen. Den Auflauf in der Form servieren.

In der Küchensprache versteht man unter »Bäckerin Art« eine spezielle Form der Zubereitung. Dabei werden rohe Kartoffelscheiben und Zwiebeln, bisweilen auch mit Fleisch, in einer großen Auflaufform im Ofen geschmort.

Romanesco-Süßkartoffel-Auflauf

Zubereitungszeit: 30 Minuten
Backzeit: 25 Minuten
Für 4 Personen

1 Romanesco
Salz
200 g Sahne
1 EL Speisestärke
4 Eier
1 Bund glatte Petersilie
frisch gemahlener weißer Pfeffer
1 Messerspitze frisch geriebene Muskatnuß
Saft von einer ½ Zitrone
1 TL Butter
2 große Fleischtomaten
2 große gekochte Süßkartoffeln
100 g geriebener Käse, z. B. Emmentaler

1 Den Romanesco waschen, putzen und in Röschen zerteilen In einem großen Topf in 1 Liter Wasser mit einem ½ Teelöffel Salz zum Kochen bringen. Die Kohlröschen einlegen und 15 Minuten bei kleiner Hitze garen. Aus dem Topf heben, in Eiswasser abschrecken und gut abtropfen lassen.
2 Das Gemüsekochwasser wieder zum Kochen bringen. Die Sahne mit der Speisestärke verquirlen und einrühren. Bei kleiner Hitze unter Rühren 2 Minuten kochen. Die Sauce vom Herd nehmen und etwas abkühlen lassen.
3 Die Eier verquirlen und unter die Sauce ziehen.
4 Die Petersilie waschen und trocken schütteln. Die Blätter von den Stängeln zupfen und ohne grobe Stiele fein hacken. In die Sauce rühren und mit Salz, Pfeffer, Muskat und Zitronensaft würzen.
5 Eine feuerfeste Form mit der Butter ausstreichen. Den Backofen auf 200 °C (Umluft 180 °C) vorheizen.
6 Die Tomaten und die Süßkartoffeln in Scheiben schneiden. Zuerst die Kartoffelscheiben, dann die Tomaten in die Form schichten. Die Romanescoröschen daraufsetzen, mit der Petersiliensauce übergießen und mit Käse bestreuen.
7 Im heißen Ofen ca. 25 Minuten überbacken. In der Form auftragen.

Romanesco ist eine Zuchtvariante des Blumenkohls. Da die Blütenstände nicht vollständig von Hüllblättern umschlossen sind, färben sie sich während des Wachstums durch Lichteinwirkung grün.

Kichererbsenauflauf mit Okraschoten

Zubereitungszeit: 40 Minuten
Backzeit: 35 Minuten
Für 4–6 Personen

2 Möhren
2 Zucchini
2 Stangen Staudensellerie
250 g Okraschoten
2 Fleischtomaten
4 EL Olivenöl
1 Gemüsezwiebel, in feine Scheiben gehobelt
2 Knoblauchzehen, fein gehackt
250 g gekochte Kichererbsen
Salz
frisch gemahlener schwarzer Pfeffer
1 TL Kurkuma, gemahlen
1 Prise Piment
1 TL Butter
1 EL Minze, fein gehackt
250 g türkischer Joghurt
1 EL Speisestärke
4 Eier

1 Das Gemüse waschen und putzen, die Möhren schälen. Möhren, Zucchini und Sellerie in Scheiben schneiden, die Okraschoten ganz lassen. Die Tomaten halbieren und in Scheiben schneiden.

2 Das Olivenöl in einer tiefen Pfanne erhitzen und Zwiebeln sowie Knoblauch glasig anschwitzen. Das Gemüse bis auf die Tomaten zufügen und 10 Minuten dünsten. Den Backofen auf 180 °C (Umluft 160 °C) vorheizen.

3 Die Kichererbsen unter das Gemüse mischen, mit Salz, Pfeffer, Kurkuma und Piment würzen.

4 Eine feuerfeste Form mit der Butter ausstreichen und die Gemüsemischung einfüllen. Mit den Tomatenscheiben belegen und mit der Minze bestreuen.

5 Den Joghurt mit der Speisestärke und den Eiern verquirlen und über den Auflauf gießen. Im heißen Ofen ca. 35 Minuten überbacken.

Tipp: Okraschoten vorsichtig putzen. Nur die Stielansätze entfernen und die Schoten dabei nicht verletzen, sonst tritt beim Garen ihr milchiger Saft aus.

Sardischer Gemüseauflauf

Zubereitungszeit: 30 Minuten
Ruhezeit: 20 Minuten
Für 4 Personen

- 1 große Aubergine
- Salz
- 6 EL Olivenöl
- 2 große Gemüsezwiebeln, in feine Scheiben gehobelt
- 2 Knoblauchzehen, fein gehackt
- 400 g stückige Tomaten (Dose)
- 200 ml Brühe
- frisch gemahlener schwarzer Pfeffer
- 1 EL Rosmarin, fein gehackt
- 1 EL Oregano, fein gehackt
- 1 große gelbe Paprikaschote
- 1 große rote Paprikaschote
- 4 Zucchini
- 150 g Caciottone Margherita (alternativ Mozzarella)
- 75 g schwarze Oliven
- 2 EL Semmelbrösel

1 Die Aubergine waschen, in 1 cm dicke Scheiben schneiden und leicht salzen. In ein Sieb legen und 20 Minuten Wasser ziehen lassen. Dann trocken tupfen.

2 3 Esslöffel Olivenöl in einer tiefen Pfanne erhitzen und die Auberginenscheiben darin von beiden Seiten kurz anbraten. Aus der Pfanne heben und beiseitestellen.

3 Zwiebeln und Knoblauch im Öl goldbraun anrösten. Die Tomaten untermischen, mit der Brühe aufgießen und 5 Minuten köcheln lassen. Mit Salz, Pfeffer, Rosmarin und Oregano würzen. Den Backofen auf 180 °C (Umluft 160 °C) vorheizen.

4 Die Paprikaschoten und die Zucchini waschen. Die Paprikaschoten halbieren und entkernen. Die Zucchini längs in Scheiben, die Paprikaschoten in breite Streifen schneiden.

5 Die Tomatensauce in eine runde Auflaufform umfüllen. Auberginen, Paprika und Zucchini fächerartig auf die Sauce legen.

6 Den Käse in kleine Würfel schneiden und mit den Oliven über das Gemüse verteilen. Mit den Semmelbröseln bestreuen und mit dem restlichen Olivenöl beträufeln. Im heißen Ofen ca. 25 Minuten überbacken. In der Form auftragen.

Caciottone Margherita ist ein Weichkäse aus Schafsrohmilch. Er gehört zu den kulinarischen Leckerbissen Sardiniens wie auch der Fiore Sardo, ein geräucherter, würzig-scharfer Schafskäse.

Überbackene Cannelloni mit Mangold

Zubereitungszeit: 30 Minuten
Backzeit: 30 Minuten
Für 4 Personen

500 ml Milch
3 EL Butter
3 EL Mehl
Salz
frisch gemahlener schwarzer Pfeffer
frisch geriebene Muskatnuss
500 g Blattmangold
3 EL Olivenöl
1 kleine Zwiebel, fein gehackt
2 Knoblauchzehen, fein gehackt
200 g Ricotta
12 Cannelloni-Röhren (ohne Vorkochen)
3 EL frisch geriebener Fontina (alternativ Gouda)

1 Die Milch erwärmen. In einem zweiten Topf die Butter zerlassen, das Mehl einrühren und hell anschwitzen. Die lauwarme Milch unter Rühren angießen und einmal aufkochen lassen. Die Béchamelsauce bei kleiner Hitze 15 Minuten köcheln lassen, dabei öfter umrühren. Mit Salz, Pfeffer und Muskat würzen. Den Backofen auf 200 °C (Umluft 180 °C) vorheizen.

2 Den Mangold waschen, verlesen, welke Blätter und grobe Stiele entfernen.

3 1 Esslöffel Olivenöl erhitzen und die Zwiebeln sowie den Knoblauch glasig anschwitzen. Den Mangold tropfnass dazugeben und zugedeckt dünsten, bis er zusammengefallen ist.

4 Den Mangold in ein Sieb abgießen, sorgfältig abtropfen lassen und anschließend fein hacken. In eine Schüssel geben und mit dem Ricotta vermischen. Die Masse mit Salz und Pfeffer würzen.

5 Eine feuerfeste Form mit dem restlichen Olivenöl ausstreichen. Die Mangoldmasse in einen Spritzbeutel mit großer Tülle füllen und in die Cannelloni-Röhren spritzen. Die Cannelloni nebeneinander in die Form legen.

6 Die Béchamelsauce über die Cannelloni gießen und mit dem Käse bestreuen. Im heißen Ofen ca. 30 Minuten überbacken. In der Form servieren.

Blattmangold hat im Gegensatz zum bekannteren Stiel- oder Rippenmangold kleinere Blätter mit kurzen Stielen. Im Geschmack ist er etwas milder als der große Verwandte.

Gratinierte Blattzicchorie

Zubereitungszeit: 35 Minuten
Für 4 Personen

- 750 g Blattzicchorie (alternativ Stielmangold)
- Salz
- 2 Chicoréestauden
- 2 EL Zitronensaft
- 2 rote Zwiebeln, in feine Scheiben gehobelt
- 3 EL Olivenöl
- 200 ml Gemüsebrühe
- 2 EL Noilly Prat
- 1 EL Liebstöckel, fein gehackt
- frisch gemahlener schwarzer Pfeffer
- frisch geriebene Muskatnuss
- 1 EL Petersilie, fein gehackt
- 200 g Cocktailtomaten
- 3 Eigelb

1 Die Blattzicchorie waschen und putzen. Welke Blätter und Wurzelansatz samt der holzigen Teile entfernen. Die Blattzicchorie in ca. 5 cm lange Stücke schneiden und 3 Minuten in kochendem Salzwasser blanchieren. In Eiswasser abschrecken und gut abtropfen lassen.

2 Den Chicorée waschen und das Kolbenende der Stauden keilförmig herausschneiden. Die Stauden der Länge nach in Viertel schneiden und mit dem Zitronensaft beträufeln.

3 2 Esslöffel Olivenöl erhitzen und die Zwiebeln glasig anschwitzen. Das Gemüse dazugeben und kurz andünsten. Mit der Brühe ablöschen und mit Noilly Prat, Liebstöckel, Salz, Pfeffer und Muskat würzen. Zugedeckt bei kleiner Hitze 15 Minuten garen.

4 Das Gemüse abgießen, dabei den Gemüsefond auffangen. Die Tomaten waschen und je nach Größe halbieren oder vierteln. Zum Gemüse geben.

5 Eine feuerfeste Form mit dem restlichen Olivenöl ausstreichen. Das Gemüse einfüllen und mit der Petersilie bestreuen.

6 Die Eigelbe über einem heißen Wasserbad aufschlagen. Den Gemüsefond langsam angießen und schaumig aufschlagen. Über das Gemüse gießen. Unter dem heißen Grill im Backofen leicht bräunen. In der Form auftragen.

Die Blattzicchorie ist ein altes, fast vergessenes Gemüse. Ihre bis zu 60 cm langen Blätter ähneln dem Löwenzahn und enthalten viele verdauungsfördernde Bitterstoffe.

Gefüllte Schmorgurken

Zubereitungszeit: 30 Minuten
Backzeit: 40 Minuten
Für 4 Personen

- 4 Schmorgurken à 200 g
- 4 Tomaten
- 200 g gekochter Reis
- 1 EL Rosinen
- 100 g Feta
- Salz
- frisch gemahlener schwarzer Pfeffer
- 1 EL Bohnenkraut, fein gehackt
- 1 EL Petersilie, fein gehackt
- 2 EL Olivenöl
- 2 Eier
- 2 EL Semmelbrösel
- 50 g frisch geriebener Hartkäse
- 2 Lorbeerblätter
- 250 ml Gemüsebrühe

1 Die Schmorgurken waschen, trocken tupfen und der Länge nach halbieren. Mit einem Löffel das Fruchfleisch bis auf einen ½ cm breiten Rest auslösen und in kleine Würfel schneiden.

2 Die Tomaten heiß überbrühen, enthäuten, vierteln, entkernen und würfeln. Den Backofen auf 200 °C (Umluft 180 °C) vorheizen.

3 Den Reis mit Tomaten, Rosinen, zerkrümeltem Feta, Bohnenkraut und Petersilie vermischen. Mit Salz und Pfeffer würzen.

4 Eine feuerfeste Auflaufform mit Öl ausstreichen. Die Gurken mit der Reismasse füllen und nebeneinander in die Form setzen.

5 Die Eier mit den Semmelbröseln und dem Hartkäse vermengen und auf die Gurkenfüllung verteilen. Mit dem Gurkenfruchtfleisch umlegen, die Lorbeerblätter zufügen und die Gemüsebrühe angießen.

6 Im heißen Ofen ca. 40 Minuten backen. In der Form auftragen.

In der orientalischen Küche werden Fruchtgemüse wie Gurken, Auberginen und Zucchini gerne mit Reis, Rosinen und Schafskäse gefüllt und überbacken.

Auberginenlasagne mit Pesto

Zubereitungszeit: 50 Minuten
Backzeit: 40 Minuten
Für 6 Personen

800 g Auberginen
3 Zucchini
500 g Eiertomaten
200 g Egerlinge
1 Gemüsezwiebel
100 ml Olivenöl
Salz
frisch gemahlener schwarzer Pfeffer
150 g Mozzarella
250 g Sahne
200 g Ricotta
1 TL getrockneter Oregano
500 ml Gemüsebrühe
400 g grüne Lasagneblätter (ohne Vorkochen)
3 EL Pesto (Fertigprodukt)
60 g frisch geriebener Parmesan

1 Das Gemüse waschen, die Egerlinge putzen. Alles in ca. einen ½ cm dicke Scheiben schneiden und in getrennte Schüsseln legen. Die Zwiebel schälen, halbieren und in feine Scheiben schneiden.

2 5 Esslöffel Olivenöl in einer großen Pfanne erhitzen, Auberginenscheiben hineingeben und portionsweise auf beiden Seiten anbraten. Auf Küchenpapier abtropfen lassen.

3 Nacheinander die Zucchini und die Zwiebeln in derselben Pfanne goldbraun braten. Mit Salz und Pfeffer würzen.

4 Den Mozzarella in Scheiben schneiden. Den Backofen auf 200 °C (Umluft 180 °C) vorheizen.

5 Die Sahne mit dem Ricotta und der Gemüsebrühe verrühren und mit Oregano, Salz und Pfeffer würzen. Eine rechteckige feuerfeste Form mit Olivenöl ausstreichen, etwas Sahnesauce darauf verstreichen. Die Form mit Lasagneblätter auslegen. Die Teigblätter gleichmäßig mit 1 Esslöffel Pesto bestreichen. Nacheinander je ein Drittel Auberginen, Pilze, Zucchini, Tomaten und Zwiebeln darauf verteilen. Mit etwas Parmesan bestreuen und mit Teigblättern abdecken. Die restlichen Zutaten ebenso einschichten.

6 Die letzte Lage sind Teigblätter mit Sauce. Mit dem Mozzarella belegen und den restlichen Parmesan darüberstreuen. Im heißen Ofen ca. 40 Minuten überbacken.

Wirsing-Moussaka

Zubereitungszeit: 1 Stunde
Backzeit: 40 Minuten
Für 6 Personen

- 500 g vorwiegend festkochende Kartoffeln
- 125 ml Olivenöl
- 1 Zwiebel, fein gehackt
- 500 ml passierte Tomaten (Fertigprodukt)
- Salz
- 1 TL Zucker
- 1 TL getrockneter Oregano
- ½ TL Zimtpulver
- frisch gemahlener schwarzer Pfeffer
- 3 EL Butter
- 4 EL Mehl
- 750 ml Milch
- 1 kleiner Kopf Wirsing, ca. 600 g
- 2 Petersilienwurzeln
- 2 Fleischtomaten
- 200 g Feta
- 60 g frisch geriebener Hartkäse

1 Die Kartoffeln waschen und schälen. Längs in dünne Scheiben schneiden. 6 Esslöffel Olivenöl in einer großen Pfanne erhitzen und die Kartoffeln portionsweise auf beiden Seiten goldgelb braten. Auf Küchenpapier abtropfen lassen.

2 2 Esslöffel Olivenöl erhitzen und die Zwiebeln glasig anschwitzen. Die Tomaten hinzufügen und mit Salz, Zucker, Oregano, Zimt und Pfeffer würzen. 20 Minuten köcheln lassen. Den Backofen auf 180 °C (Umluft 160 °C) vorheizen.

3 Die Butter zerlassen, das Mehl einrühren und hellgelb anschwitzen. Die Milch unter Rühren angießen, mit Salz, Pfeffer und Muskat würzen. 15 Minuten köcheln lassen, dabei gelegentlich umrühren.

4 Vom Wirsing die äußeren Blätter entfernen, anschließend waschen, vierteln und den Strunk keilförmig herausschneiden. Die Blätter quer in Streifen schneiden und kurz in kochendem Salzwasser blanchieren. In Eiswasser abschrecken und sorgfältig abtropfen lassen.

5 Die Petersilienwurzeln schälen und quer in schräge Scheiben schneiden. Die Fleischtomaten waschen und in Scheiben schneiden.

6 Eine feuerfeste Form mit dem restlichen Olivenöl ausstreichen. Kartoffeln, Wirsing, Fleischtomaten und Petersilienwurzeln abwechselnd mit der Tomaten- sowie der hellen Sauce in die Form füllen. Zwischen die einzelnen Schichten jeweils etwas zerbröckelten Feta verteilen. Als letzte Lage Kartoffelscheiben einlegen und mit der restlichen Sauce bedecken. Den geriebenen Käse darüberstreuen.

7 Im heißen Ofen ca. 40 Minuten goldbraun überbacken. In der Form auftragen.

Genussküche

Feinschmeckers Festmahl.
Traditionelle und kreative Ideen aus den
schmackhaften Küchen unserer Nachbarn.

Mariniertes Grillgemüse

Zubereitungszeit: 45 Minuten
Ruhezeit: 1 Stunde
Für 4 Personen

2 Paprikaschoten
2 kleine Zucchini
12 Cocktailtomaten
12 Lorbeerblätter
200 g Austernpilze
1 rote Chilischote
2 Knoblauchzehen
125 ml Olivenöl
Saft von 1 Zitrone
2 TL getrocknete provenzalische Kräuter
Salz
frisch gemahlener schwarzer Pfeffer
2 EL Walnussöl
100 g Oliven, in Kräuteröl eingelegt
8 Kapernäpfel
1 Bio-Zitrone, geachtelt

1 Paprikaschoten, Zucchini und Tomaten waschen und trocken tupfen. Die Paprikaschoten längs halbieren, entkernen und in Würfel schneiden. Die Zucchini in dicke Scheiben schneiden. Das Gemüse abwechselnd mit den Lorbeerblättern auf vier Grillspieße stecken und in eine Schale legen.

2 Die Austernpilze putzen und je nach Größe halbieren oder vierteln. Die Pilze in eine zweite Schale legen.

3 Die Chilischote längs halbieren, entkernen und fein hacken. Den Knoblauch schälen und zum Olivenöl pressen. Zitronensaft, Chili und die Kräuter unterrühren und mit Salz und Pfeffer würzen. Das Gemüse und die Austernpilze mit dem Würzöl bestreichen und 1 Stunde bei Zimmertemperatur ziehen lassen.

4 Das restliche Würzöl in einer Grillpfanne erhitzen und die Gemüsespieße bei mittlerer Hitze rundum anbraten. Aus der Pfanne heben und warm halten. Die Pilze in derselben Pfanne von beiden Seiten jeweils 1–2 Minuten braten.

5 Die Gemüsespieße und die Pilze auf einer großen Platte anrichten, mit Salz und Pfeffer würzen und mit Walnussöl beträufeln. Mit Oliven, Kapernäpfeln und Zitronenspalten garnieren.

Eine köstliche Beilage zum gegrillten Gemüse ist eine Bohnencreme aus weißen Bohnen, die mit Knoblauch und Rosmarin gekocht und anschließend püriert werden.

Gebackenes Gemüse mit zwei Saucen

Zubereitungszeit: 1 Stunde
Für 4 Personen
250 g türkischer Joghurt (10 %)
1 Knoblauchzehe, zerdrückt
1 EL Zitronensaft
1 EL Sesampaste (Tahini)
Salz
frisch gemahlener schwarzer Pfeffer
½ TL gemahlener Kreuzkümmel
1 EL Minze, fein gehackt
200 g passierte Tomaten (Fertigprodukt)
2 EL Orangensaft
1 EL Harissa
½ TL Pul Biber
250 g Mehl
½ Päckchen Backpulver
1 Ei
1 Aubergine
2 Zucchini
500 g Brokkoli
250 ml Rapsöl

1 Den Joghurt mit Knoblauch, Zitronensaft und Sesampaste glatt verrühren. Mit Salz, Pfeffer und Kreuzkümmel würzen und die Minze untermischen.

2 Die passierten Tomaten mit Orangensaft, Harissa, Salz, Pfeffer und Pul Biber verrühren. Beide Saucen zugedeckt 30 Minuten kalt stellen.

3 Aus Mehl, Backpulver, Ei und 150–200 ml Mineralwasser einen glatten, dickflüssigen Teig anrühren und 30 Minuten quellen lassen.

4 Das Gemüse waschen und putzen. Die Aubergine und die Zucchini in ca. 1 cm dicke Scheiben schneiden. Den Brokkoli in Röschen teilen, die Stiele in Stücke schneiden.

5 Das Öl in einem hohen Topf erhitzen. Die Gemüsestücke einzeln durch den Teig ziehen und im heißen Öl goldbraun ausbacken. Auf Küchenpapier abtropfen lassen.

6 Die Saucen nochmals aufrühren, mit Salz und Pfeffer abschmecken und getrennt zum Gemüse servieren.

Tipp: Im Herbst kann man auch Möhren, Pastinaken oder Kürbis ausbacken. Dabei das Gemüse vor dem Panieren in Salzwasser bissfest vorgaren.

Gefüllte Zucchiniblüten mit Rosmarinkartoffeln

Zubereitungszeit: 1 Stunde
Für 4 Personen

- 1 kg festkochende Kartoffeln
- Salz
- 12 Zucchiniblüten
- 200 ml Olivenöl
- 100 g Ricotta
- 1 Eigelb
- 2 EL Semmelbrösel
- 1 EL frisch geriebener Parmesan
- 1 EL Petersilie, fein gehackt
- frisch gemahlener schwarzer Pfeffer
- frisch geriebene Muskatnuss
- 3 Zweige Rosmarin
- 1 Prise Zucker

1 Die Kartoffeln waschen, schälen und in ca. 1 cm große Würfel schneiden. In kochendes Salzwasser geben und 4–5 Minuten vorgaren. Dann abgießen und sorgfältig abtropfen lassen.

2 Die Zucchiniblüten vorsichtig waschen und trocken tupfen. Die Blütenstempel aus den Blüten entfernen.

3 Eine flache feuerfeste Form mit Olivenöl ausstreichen. Den Backofen auf 180 °C (Umluft 160 °C) vorheizen.

4 Für die Füllung den Ricotta mit Eigelb, Semmelbröseln, Parmesan und Petersilie verrühren und mit Salz, Pfeffer und Muskat würzen. Die Ricottamasse in einen Spritzbeutel mit Tülle geben, in die Blüten füllen, die Blütenspitzen vorsichtig zusammendrehen.

5 Die Zucchiniblüten nebeneinander in die Form legen und mit 3 Esslöffeln Olivenöl beträufeln. Im heißen Ofen 15–20 Minuten garen.

6 Das restliche Olivenöl in einer großen tiefen Pfanne erhitzen. Die Rosmarinzweige einlegen und kurz anbraten. Die Kartoffelwürfel in die Pfanne geben und bei mittlerer Hitze ca. 15 Minuten knusprig braten. Dabei nicht rühren, sondern die Kartoffeln nur vorsichtig mehrmals wenden. Portionsweise mit den Zucchiniblüten anrichten.

Ohne Rosmarinkartoffeln sind die Zucchiniblüten eine köstliche Vorspeise oder ein kleiner Snack. Dazu passt eine rohe Tomatensauce mit Basilikum.

Weißer Spargel mit Kratzete und kalter Schnittlauchsauce

Zubereitungszeit: 1 Stunde
Für 4 Personen

- 2 Scheiben Toastbrot
- 500 ml Milch
- 2 hart gekochte Eier
- 100 g Weizenkeimöl
- 250 g Sauerrahm
- 2 EL Zitronensaft
- 1 Bund Schnittlauch, in feine Röllchen geschnitten
- Zucker
- Salz
- frisch gemahlener schwarzer Pfeffer
- 250 g Weizenmehl
- 3 Eier
- 2 kg weißer Spargel
- 4 EL Butter
- Zucker

1 Für die Sauce das Toastbrot entrinden und in 250 ml Milch 10 Minuten einweichen.

2 Die hart gekochten Eier schälen und hacken. Das Toastbrot ausdrücken und mit den Eiern, der Hälfte des Weizenkeimöls und dem Sauerrahm im Mixer glatt pürieren. Mit Zitronensaft, Zucker, Salz und Pfeffer abschmecken.

3 Das Mehl mit den Eiern und der restlichen Milch zu einem glatten Teig verrühren. Eine Prise Salz unterrühren und den Teig 20 Minuten quellen lassen.

4 Den Spargel waschen, die holzigen Enden abschneiden und die Stangen schälen.

5 Reichlich Wasser mit 1 Esslöffel Butter, etwas Salz und Zucker zum Kochen bringen. Die Spargel einlegen und bei kleiner Hitze ca. 15 Minuten garen.

6 Für die Kratzete etwas Butter in einer großen Eisenpfanne zerlassen. Eine Portion Teig hineingießen und und die Pfanne so schwenken, dass sich der Teig gleichmäßig und dünn auf dem Pfannenboden verteilt. Warten, bis die Unterseite leicht gebräunt ist, der Teigrand sich kräuselt und die Oberfläche matt wird. Den Pfannkuchen wenden und mit einer Gabel und der Bratschaufel in mundgerechte Stücke zerreißen. Bei kleiner Hitze goldbraun backen. Warm halten.

7 Den Spargel aus dem Wasser heben und portionsweise mit Kratzete anrichten. Die Schnittlauchsauce getrennt dazu servieren.

Im Badischen sind Kratzete – in Stücke gerissene Pfannkuchen – die klassische Beilage zum Spargel. Gibt es reichlich Spargel, verzichtet der Baden-Württemberger gern auf Schinken.

Steinpilze mit Kräutern und Pfefferpolenta

Zubereitungszeit: 45 Minuten
Für 4 Personen

- 500 ml Milch
- Salz
- 1 EL grüner Pfeffer, in Salzlake eingelegt
- abgeriebene Schale von 1 Bio-Zitrone
- 200 g Polenta
- 500 g Steinpilze
- 4 EL Olivenöl
- 2 Knoblauchzehen, in feine Scheiben geschnitten
- 1 Zweig Rosmarin
- 1 Lorbeerblatt
- 125 ml Weißwein
- Salz
- frisch gemahlener schwarzer Pfeffer

1 Die Milch mit 500 ml Wasser, einem ½ Teelöffel Salz, grünem Pfeffer und Zitronenabrieb zum Kochen bringen.

2 Den Maisgrieß unter Rühren einstreuen. Die Polenta bei kleiner Hitze ca. 30 Minuten köcheln lassen, dabei öfter umrühren.

3 Die Pilze putzen, säubern und in Scheiben schneiden. Das Olivenöl in einer Pfanne erhitzen und Pilze, Knoblauch, Rosmarin sowie Lorbeerblatt dazugeben und unter Wenden anbraten.

4 Mit dem Wein ablöschen und mit Salz und Pfeffer würzen. Die Pilze bei kleiner Hitze 10 Minuten köcheln lassen.

5 Die Steinpilze mit der Polenta portionsweise anrichten.

Polentagerichte haben in Nord- und Mittelitalien eine jahrhundertealte Tradition. Um ihre Zubereitung ranken sich viele Mythen. Einst eine einfache Speise der Bergbauern, wurde Polenta in Venetien zur Kultspeise.

Bayrische Rahmschwammerl mit Spinatknödel

Zubereitungszeit: 1 Stunde

Für 4 Personen

- 6 Semmeln vom Vortag, in Scheiben geschnitten
- 250 ml lauwarme Milch
- 500 g Wurzelspinat
- 2 EL Butter
- 1 kleine weiße Zwiebel, fein gehackt
- 3 Eier
- Salz
- frisch gemahlener schwarzer Pfeffer
- frisch geriebene Muskatnuss
- 500 g gemischte Waldpilze
- 1 große rote Zwiebel, fein gehackt
- 250 ml Gemüsebrühe
- 1 EL Speisestärke
- 200 g Sahne
- 1 EL Petersilie, fein gehackt

1 Die Semmeln in eine große Schüssel geben, mit der Milch übergießen und 15 Minuten quellen lassen.

2 Den Spinat verlesen, dabei welke Blätter und grobe Stiele entfernen. Den Spinat gründlich waschen.

3 1 Esslöffel Butter zerlassen und die Zwiebeln glasig anschwitzen. Den Spinat tropfnass dazugeben und zugedeckt dünsten, bis er zusammengefallen ist. Abgießen, sorgfältig abtropfen lassen und grob hacken. Anschließend mit den Eiern sowie den eingeweichten Semmeln zu einem geschmeidigen Teig verkneten und mit Salz, Pfeffer und Muskat würzen. Den Teig 20 Minuten ziehen lassen.

4 Die Pilze putzen und säubern, größere Pilze halbieren oder vierteln.

5 In einem großen Topf leicht gesalzenes Wasser zum Kochen bringen. Aus dem Teig mit nassen Händen acht kleine Knödel formen und in das kochende Wasser legen. Die Hitze reduzieren und die Knödel 15–20 Minuten gar ziehen lassen.

6 Die restliche Butter zerlassen und die roten Zwiebeln glasig anschwitzen. Die Pilze hinzufügen und ca. 10 Minuten bei mittlerer Hitze braten, dabei gelegentlich wenden.

7 Das Pilzgemüse mit der Brühe ablöschen. Die Speisestärke und die Sahne verquirlen, unter das Pilzgemüse rühren und einmal aufkochen lassen. 2 Minuten köcheln lassen. Mit Salz und Pfeffer würzen. Vor dem Servieren mit der Petersilie bestreuen.

Grünes Spargelrisotto

Zubereitungszeit: 1 Stunde
Für 4 Personen

500 g grüner Spargel
3 EL Butter
Salz
Zucker
2 Schalotten, fein gewürfelt
300 g Risottoreis
125 ml Weißwein
frisch gemahlener schwarzer Pfeffer

1 Den Spargel waschen, die holzigen Enden abschneiden und das untere Drittel der Stangen schälen. Die Stangen in mundgerechte Stücke schneiden.

2 In einem Topf 1 Liter Wasser mit 1 Teelöffel Butter, einem ½ Teelöffel Salz und einem ½ Teelöffel Zucker zum Kochen bringen. Die Spargelspitzen einlegen und kurz blanchieren. Mit einem Schaumlöffel herausheben, in Eiswasser abschrecken und abtropfen lassen.

3 Die restlichen Spargelstücke in das Kochwasser geben und 15 Minuten bei kleiner Hitze garen. Den Spargel abgießen, dabei die Spargelbrühe auffangen. Den Spargel pürieren und warm halten.

4 2 Esslöffel Butter in einem Topf zerlassen und die Schalotten glasig anschwitzen. Den Reis einrieseln lassen und unter Rühren andünsten. Mit dem Weißwein ablöschen und so lange rühren, bis der Reis die ganze Flüssigkeit aufgenommen hat.

5 Sobald der Wein eingekocht ist, ein Drittel der heißen Spargelbrühe unter Rühren angießen. Nach und nach die restliche Spargelbrühe unter den Risotto rühren.

6 Nach ca. 20 Minuten Garzeit die restliche Butter und das Spargelpüree einrühren. Die Spargelspitzen unter den Risotto heben und mit Salz und Pfeffer abschmecken.

7 Den Risotto vom Herd nehmen und zugedeckt 2–3 Minuten ziehen lassen. Portionsweise anrichten.

Tipp: Am besten gelingt ein Risotto mit einer der drei Mittelkorn-Reissorten Vialone, Carnaroli und Arborio. Sie geben beim Kochen einen Teil ihrer Stärke ab, das macht den Risotto cremig. Das Reiskorn wird außen weich, behält aber im Inneren seinen Biss.

Buchweizen-Galettes mit Paprikagemüse

Zubereitungszeit: 40 Minuten
Ruhezeit: 1 Stunde
Für 4 Personen

- 250 g Buchweizenmehl
- 3 Eier
- Meersalz
- je 1 rote, gelbe und grüne Paprikaschote
- 2 Spitzpaprikaschoten
- 2 Tomaten
- 2 Knoblauchzehen, fein gehackt
- 3 EL Olivenöl
- frisch gemahlener schwarzer Pfeffer
- 1 Messerspitze Piment d'Espelette
- 2 EL gesalzene Butter
- 4 TL Pflanzenöl

1 Das Mehl mit 1 Ei, 1 Prise Meersalz und 500 ml Wasser zu einem glatten, flüssigen Teig verrühren. Den Teig zudeckt 1 Stunde quellen lassen.

2 Das Gemüse waschen. Die Paprikaschoten halbieren und entkernen. Die Paprikaschoten und die Tomaten in möglichst kleine Würfel schneiden.

3 2 Esslöffel Olivenöl erhitzen und die Paprikaschoten sowie den Knoblauch anrösten. Die Tomaten dazugeben und 2–3 Esslöffel Wasser zufügen. Mit Meersalz, Pfeffer und Piment d'Espelette würzen. 15–20 Minuten bei kleiner Hitze köcheln lassen, eventuell noch etwas Wasser zugeben.

4 Den Teig nochmals aufschlagen. Die Butter zerlassen und unter den Teig rühren.

5 Eine große Eisenpfanne erhitzen und mit dem Pflanzenöl ausstreichen. Etwas Teig hineingeben und den Teig durch Schwenken der Pfanne gleichmäßig dünn auf dem Boden verteilen. Die Galettes auf beiden Seiten goldbraun backen. Warm halten, bis alle Galettes gebacken sind.

6 Die restlichen zwei Eier verquirlen, über das Gemüse gießen und zugedeckt 2–3 Minuten stocken lassen. In die Mitte jeder Galette etwas Gemüse-Ei-Mischung geben und die Galettes wie Päckchen zusammenfalten. Auf einer Platte anrichten.

Galettes sind die herzhaften Schwestern der süßen Crêpes. Sie stammen ursprünglich aus der Bretagne und waren einst ein typisches Arme-Leute-Essen.

Pilaw mit Bulgur, Makkaroni und Gemüse

Zubereitungszeit: 40 Minuten
Für 4 Personen
2 Spitzpaprikaschoten
2 Fleischtomaten
1 Stange Staudensellerie
1 Stange Lauch
3 EL Olivenöl
2 Zwiebeln, fein gehackt
½–1 TL Pul Biber (Gewürzmischung)
1 TL gemahlener Kardamom
einige Safranfäden
500 ml Gemüsebrühe
250 g feiner Bulgur
Salz
frisch gemahlener schwarzer Pfeffer
200 g kurze Makkaroni
2 EL Petersilie, fein gehackt

1 Das Gemüse waschen. Die Paprikaschoten putzen, halbieren, entkernen und in kleine Würfel schneiden. Die Tomaten heiß überbrühen, enthäuten, vierteln, entkernen und ebenfalls würfeln. Die Selleriestange und den Lauch putzen und in feine Scheiben bzw. Ringe schneiden.

2 Das Olivenöl erhitzen und die Zwiebeln glasig anschwitzen. Das Gemüse dazugeben, mit Pul Biber, Kardamom und Safran würzen und kurz anrösten. Die Brühe angießen und den Bulgur einrühren. Bei kleiner Hitze 15 Minuten köcheln lassen.

3 Die Makkaroni in reichlich kochendem Salzwasser bissfest garen. Anschließend abgießen und tropfnass unter den Pilaw mischen. Einmal aufkochen lassen, vom Herd nehmen und einige Minuten zugedeckt ziehen lassen. Vor dem Servieren mit Salz und Pfeffer würzen. Portionsweise anrichten und mit der Petersilie bestreuen.

Pilaw ist im Orient sehr beliebt. Die Grundzutat sind immer Reis, Bulgur oder Hirse. Dazu kommt viel frisches Gemüse, manchmal auch Fleisch oder Fisch.

Gemüsepuffer mit Tarator-Sauce

Zubereitungszeit: 1 Stunde
Für 4 Personen

- 100 g Sesampaste (Tahini)
- Saft von 1 Zitrone
- Salz
- 1 Knoblauchzehe
- 1 TL Koriander, fein gehackt
- 2 Stangen Lauch
- 2 Möhren
- 2 Kartoffeln
- ½ TL gemahlene Kurkuma
- ½ TL gemahlener Kreuzkümmel
- 1 Messerspitze Nelkenpulver
- Salz
- frisch gemahlener schwarzer Pfeffer
- 2 Eier
- 1 EL Speisestärke
- 2 EL Mehl
- 100 ml Olivenöl

1 Die Sesampaste mit dem Zitronensaft und 3–4 Esslöffeln Wasser zu einer glatten Creme verrühren. Den Knoblauch dazupressen und den Koriander untermischen. Mit Salz abschmecken.

2 Den Lauch, die Möhren und die Kartoffel waschen und putzen bzw. schälen. Den Lauch in feine Ringe schneiden, die Möhren und die Kartoffeln grob raspeln. Das Gemüse mit den Gewürzen vermischen.

3 Die Eier trennen. Die Eigelbe mit der Speisestärke verquirlen und unter die Gemüsemasse rühren. Mit dem Mehl überstäuben und gründlich vermengen. Die Eiweiße mit einer Prise Salz steif schlagen und unter den Gemüseteig heben.

4 Das Olivenöl in einer großen Pfanne erhitzen. Den Gemüseteig esslöffelweise hineingeben und zu kleinen Puffern verstreichen. Auf beiden Seiten goldbraun ausbacken. Auf Küchenpapier abtropfen lassen.

Die Tarator-Sauce ist eine nordafrikanische Spezialität. Dort wird sie häufig zu Bohnen- oder Linsenplätzchen gegessen.

Kürbisravioli mit Salbeibutter

Zubereitungszeit: 45 Minuten
Ruhezeit: 1 Stunde 30 Minuten
Für 4 Personen

300 g Hartweizenmehl
3 Eier
2 EL Olivenöl
Salz
1 TL Weißweinessig
500 g Kürbisfleisch, fein gewürfelt
1 Schalotte, fein gehackt
1 EL Olivenöl
60 g frisch geriebener Pecorino
1 EL Petersilie, fein gehackt
Salz
frisch gemahlener schwarzer Pfeffer
100 g Parmesan, in Späne gehobelt

1 Aus Mehl, 2 Eiern, 1 Esslöffel Olivenöl, einem ½ TL Salz, Essig und 3–4 Esslöffeln Wasser einen glatten, geschmeidigen Teig kneten. In Frischhaltefolie wickeln und 1 Stunde im Kühlschrank ruhen lassen.

2 Das restliche Olivenöl erhitzen und den Kürbis sowie die Schalotten anschwitzen. 125 ml Wasser angießen und den Kürbis so lange garen, bis alle Flüssigkeit verdampft ist. Etwas abkühlen lassen. Anschließend mit Pecorino, dem restlichen Ei, Petersilie, Salz und Pfeffer vermischen.

3 Den Teig in zwei Stücke teilen. Jedes Stück auf einer bemehlten Arbeitsfläche dünn ausrollen. Von der Kürbismasse nussgroße Stücke abstechen und im Abstand von ca. 4 cm auf eine Teigplatte setzen. Die entstandenen Zwischenräume mit etwas Wasser bestreichen.

4 Die zweite Teigplatte darüberlegen und jeweils um die Füllung herum leicht andrücken. Mit einem Teigrad Quadrate ausschneiden und die Ränder mit einer Gabel zusammendrücken.

5 Die Ravioli 30 Minuten auf einem bemehlten Tuch trocknen lassen. Anschließend in kochendem Salzwasser 8–10 Minuten garen. Mit einem Schaumlöffel herausheben.

6 Die Butter zerlassen und die Salbeiblätter kurz anrösten. Die Ravioli portionsweise anrichten. Die Salbeibutter darübergeben und mit den Parmesanspänen garnieren.

Ob Ravioli, Maultaschen, Schlutzkrapfen, Samosas, Empanadas, Manti, Piroggen oder Dim Sums – gefüllte Teigtaschen sind in vielen Ländern Europas und Asiens ein beliebtes Gericht.

Käsespätzle mit Röstzwiebeln

Zubereitungszeit: 45 Minuten
Für 4 Personen

500 g Spätzlemehl (doppelgriffiges Mehl)
5 Eier
Salz
frisch geriebene Muskatnuss
4 Zwiebeln
2 EL Pflanzenöl
100 g Butter
frisch gemahlener schwarzer Pfeffer
100 g frisch geriebener Emmentaler
100 g frisch geriebener Bergkäse
50 g frisch geriebener Gruyère
1 Bund Schnittlauch, in feine Röllchen geschnitten

1 Das Mehl mit den Eiern, 250 ml lauwarmem Wasser, 1 Teelöffel Salz und etwas Muskat zu einem dicken Teig verrühren. Den Teig so lange mit einem Kochlöffel von Hand schlagen, bis er Blasen wirft.
2 Einen großen Topf zur Hälfte mit Wasser füllen und zum Kochen bringen. 2 Teelöffel Salz zugeben.
3 Den Teig portionsweise mit einem Spätzlehobel oder durch ein Spätzlesieb in das sprudelnd kochende Wasser drücken. Dabei das Gerät immer vor dem Füllen in das heiße Wasser tauchen, damit der Teig nicht daran kleben bleibt.
4 Nach ca. 4 Minuten die Spätzle mit einem Schaumlöffel aus dem Wasser heben. Kurz unter fließendem kaltem Wasser abschrecken und sorgfältig abtropfen lassen. Das Kochwasser nicht wegschütten.
5 Die Zwiebeln schälen und in dünne Ringe hobeln. Das Öl und die Butter in einer großen Pfanne erhitzen und die Zwiebelringe goldbraun braten.
6 Das Spätzlewasser wieder zum Kochen bringen, die Spätzle hineingeben und 2 Minuten köcheln lassen. Anschließend abgießen.
7 Die Hälfte der Spätzle in eine vorgewärmte Schüssel geben, kräftig mit Pfeffer würzen und zwei Drittel des Käses darüberstreuen. Die restlichen Spätzle daraufgeben, mit Pfeffer übermahlen und mit dem übrigen Käse sowie dem Schnittlauch bestreuen. Die braunen Zwiebeln mit der Butter darübergeben und sofort servieren.

Spätzle waren früher eine typisch schwäbische Küchenspezialität. Über das Allgäu haben sie ihren Siegeszug quer durch Bayern angetreten.

Gefüllte Nudelbonbons

Zubereitungszeit: 45 Minuten
Ruhezeit: 1 Stunde 30 Minuten
Für 4 Personen

- 300 g Mehl (Wiener Grießler oder Hartweizenmehl)
- 1 Ei
- 1 Eiweiß
- 2 EL Öl
- Salz
- 1 TL Weißweinessig
- 300 g Rucola (alternativ gemischte Wildkräuter)
- 250 g Ricotta
- 2 Eier
- 2 EL frisch geriebener Parmesan (+ Parmesan zum Servieren)
- frisch gemahlener schwarzer Pfeffer
- frisch geriebene Muskatnuss
- 1 EL Butter

1 Aus Mehl, Ei, Eiweiß, Öl, einem ½ Teelöffel Salz, Essig und 1–2 Esslöffeln Wasser einen glatten, festen Teig kneten, eventuell noch etwas Wasser zugeben. Den Teig zur Kugel formen, in Frischhaltefolie wickeln und 1 Stunde im Kühlschrank ruhen lassen.

2 Die Rucola verlesen, gründlich waschen und die dicken Stiele entfernen. Die Blätter sehr fein hacken.

3 Den Ricotta nacheinander mit den Eiern, der Rucola und dem Parmesan verrühren. Mit Salz, Pfeffer und Muskat abschmecken.

4 Den Nudelteig dünn ausrollen. Mit einem scharfen Messer 6 cm große Quadrate ausschneiden. Auf jedes Teigquadrat etwas Füllung setzen, den Teig darüberklappen, rund um die Füllung festdrücken. Die Teigenden gegeneinander zu einer Bonbonform drehen.

5 Die Nudelbonbons 30 Minuten auf einem bemehlten Tuch trocknen lassen. Anschließend in kochendem Salzwasser 8–10 Minuten garen. Mit einem Schaumlöffel herausheben und mit zerlassener Butter oder Tomatensauce und frisch geriebenem Parmesan servieren.

In appetitlicher und ungewöhnlicher Bonbonform präsentieren sich Nudelteig und herzhafte Füllung – fast zu schön, um aufgegessen zu werden.

Rotkrautrouladen

Zubereitungszeit: 1 Stunde
Für 4 Personen

- 4 große Blätter Rotkraut
- 100 g Gorgonzola
- 1 EL Thymian, fein gehackt
- 1 EL Petersilie, fein gehackt
- 200 g gekochter Reis
- 1 Ei
- 1 EL frisch geriebener Pecorino
- Salz
- frisch gemahlener schwarzer Pfeffer
- 2 EL Olivenöl
- 125 ml Rotwein
- 300 ml Gemüsebrühe
- Zucker
- 1–2 EL Aceto balsamico

1 Die Rotkrautblätter in Salzwasser kurz blanchieren. Mit dem Schaumlöffel herausheben, in Eiswasser abschrecken und sorgfältig abtropfen lassen. Die Blätter trocken tupfen und die dicke Mittelrippe herausschneiden.

2 Für die Füllung den Gorgonzola in kleine Würfel schneiden. Mit den Kräutern, Reis, Ei und Pecorino vermengen und mit Salz und Pfeffer würzen. Die Füllung auf die Rotkohlblätter verteilen. Die Längsseiten des Blatts über die Füllung schlagen und das Blatt zur Spitze hin aufrollen. Mit Küchengarn zusammenbinden.

3 Das Olivenöl in einem Schmortopf erhitzen und die Rouladen mit der Nahtstelle nach unten hineinlegen. Den Rotwein und die Brühe angießen. Zugedeckt bei kleiner Hitze ca. 40 Minuten schmoren.

4 Die Sauce mit Salz, Pfeffer und Aceto balsamico abschmecken. Die Rotkrautrouladen portionsweise mit der Sauce anrichten.

Im Piemont bereitet man die Gemüserouladen mit Wirsing und Mozzarella zu und schmort sie in Tomatensauce.

Für Süßschnäbel

Mehr als ein Dessert.
Das Beste aus Omas Lieblingsküche,
aufwendig, gehaltvoll oder köstlich einfach.

Safranreis-Pudding mit Beeren und Feigen

Zubereitungszeit: 40 Minuten
Ruhezeit: 12 Stunden
Für 4 Personen
125 g Rundkornreis
½ TL Safranfäden
500 ml Milch
2 EL Speisestärke
100 g Zucker
75 g Sultaninen
1 EL gehackte Pistazien
3 Eigelb
200 g Himbeeren
200 g Brombeeren
2 frische Feigen
2 EL Limettensaft
1 EL Ingwersirup
4 EL Zuckersirup

1 Den Reis mit dem Safran und der Milch zum Kochen bringen. Bei kleiner Hitze ca. 30 Minuten köcheln lassen, dabei öfter umrühren.

2 Die Speisestärke mit 75 ml kaltem Wasser verquirlen. Mit 50 g Zucker unter den Reisbrei mischen. 5 Minuten unter Rühren dick einkochen lassen. Dann vom Herd nehmen, die Sultaninen und die Pistazien untermischen und etwas abkühlen lassen.

3 Die Eigelbe mit dem restlichen Zucker schaumig aufschlagen und in den Reisbrei rühren.

4 Eine Kranzform kalt ausspülen und den Reispudding einfüllen, die Oberfläche glatt streichen. Den Reispudding abkühlen lassen. Anschließend mit Frischhaltefolie abdecken und über Nacht im Kühlschrank ruhen lassen.

5 Die Beeren verlesen. Die Feigen waschen, trocken tupfen und achteln. Die Früchte in eine Schüssel geben. Den Limettensaft mit dem Ingwer- und dem Zuckersirup verrühren, über das Obst gießen und vorsichtig vermengen. Zugedeckt bei Zimmertemperatur 30 Minuten ziehen lassen.

6 Den Safranreis-Pudding auf eine Platte stürzen, den Beerensalat in die Mitte geben.

Safran gilt als das teuerste Gewürz der Welt. Er wird aus den goldgelben, etwa 2 cm langen Blütenfäden des Crocus sativus gewonnen. Fast 200 Krokusblüten sind für 1 Gramm Safran nötig.

Hollerküchle

Zubereitungszeit: 35 Minuten
Ruhezeit: 30 Minuten
Für 4 Personen
2 Eier
160 g Mehl
Salz
200 ml Bier
Zucker
500 g Pflanzenöl
8 Holunderblütendolden
4 EL Puderzucker

1 Die Eier trennen. Das Mehl mit einer Prise Salz, dem Bier und den Eigelben zu einem glatten Teig verrühren und 30 Minuten quellen lassen.

2 Die Eiweiße mit einer Prise Zucker steif schlagen und vorsichtig unter den Bierteig heben.
Das Öl in der Fritteuse oder in einem hohen Topf auf 175 °C erhitzen.

3 Alte Blüten von den Holunderdolden entfernen. Jeweils eine Dolde am Stiel fassen, kurz in den Teig tauchen und sorgfältig abtropfen lassen. In das heiße Öl geben und goldbraun ausbacken. Auf Küchenpapier abtropfen lassen und warm halten, bis alle Blüten ausgebacken sind. Vor dem Servieren mit dem Puderzucker überstäuben.

Hollerküchle sind ein altes süddeutsches Rezept. Sie schmecken herrlich und sind einfach zuzubereiten. Leider wird es vor allem in den Städten immer schwieriger, schöne Holunderblütendolden zu finden.

Grießflammerie mit Himbeersauce

Zubereitungszeit: 15 Minuten
Ruhezeit: 2 Stunden
Für 4 Personen

- 3 Blatt weiße Gelatine
- 1 Vanilleschote
- 500 ml Milch
- abgeriebene Schale von 1 Bio-Zitrone
- Salz
- 80 g Weizengrieß
- 150 g Zucker
- 2 Eier
- 500 g Himbeeren
- 1 TL Rosenwasser
- Minzeblättchen

1 Die Gelatine in kaltem Wasser einweichen. Die Vanilleschote längs aufschlitzen und das Mark herauskratzen. Schote und Mark mit der Milch, dem Zitronenabrieb und einer Prise Salz langsam zum Kochen bringen.

2 Den Grieß mit 5 Esslöffeln Zucker vermischen. In die kochende Milch geben und unter Rühren bei kleiner Hitze ca. 3 Minuten köcheln lassen. Vom Herd nehmen und die ausgedrückte Gelatine einrühren. Den Grießbrei etwas abkühlen lassen.

3 Die Eier trennen und die Eigelbe unter den Grießbrei rühren. Die Eiweiße sehr steif schlagen, dann mit einem Kochlöffel oder Teigschaber unter den Grießbrei heben. Vier Gläser mit kaltem Wasser ausspülen und den Grießbrei hineinfüllen, die Oberfläche glatt streichen. Im Kühlschrank zugedeckt mindestens 2 Stunden fest werden lassen.

4 Die Himbeeren verlesen. Die Hälfte der Beeren mit Rotwein, Rosenwasser und dem restlichen Zucker einmal aufkochen. Vom Herd nehmen, durch ein feines Sieb streichen und kalt stellen.

5 Zum Anrichten den Grießbrei auf vier Dessertteller stürzen und mit der Sauce übergießen. Mit den restlichen Himbeeren und Minzeblättchen garnieren.

Als Grieß bezeichnet man das körnig gemahlene Produkt aus dem Mehlkern eines Getreidekorns. Für Süßspeisen eignet sich der Weichweizengrieß am besten.

Palatschinken mit Marillenkonfitüre und Vanilleeis

Zubereitungszeit: 30 Minuten
Ruhezeit: 30 Minuten
Für 4 Personen

125 g Mehl
250 ml Milch
Salz
1 EL Zucker
2 Eier
60 g Butterschmalz
4 EL Aprikosenmarmelade
4 Kugeln Vanilleeis
Puderzucker zum Bestäuben

1 Das Mehl mit der Milch, einer Prise Salz und dem Zucker verquirlen. Die Eier unter den Teig rühren und den Teig 30 Minuten ausquellen lassen.

2 Etwas Butterschmalz in einer Eisenpfanne zerlassen und nacheinander acht Palatschinken backen. Dazu jeweils ein Achtel der Teigmenge in die Pfanne geben und den Teig durch Schwenken der Pfanne auf dem Boden gleichmäßig verteilen. Die Palatschinken auf beiden Seiten goldbraun backen. Warm halten, bis alle gebacken sind.

3 Die Palatschinken jeweils mit einem ½ Esslöffel Aprikosenmarmelade bestreichen und zusammenrollen. Pro Portion zwei Palatschinken mit einer Kugel Vanilleeis anrichten und mit Puderzucker überstäuben.

Palatschinken, Pfannkuchen, Crespelli und Crêpes kennt und liebt man in vielen Ländern. Sie sind mal dick, mal dünn und werden süß gefüllt oder mit herzhaften Beilagen gegessen.

Gebratener Pudding mit Zimtzucker

Zubereitungszeit: 40 Minuten
Ruhezeit: 12 Stunden
Für 4 Personen
1 Vanilleschote
500 ml Milch
abgeriebene Schale von
1 Bio-Orange
Salz
100 g Zucker
75 g Butter
100 g Weizenmehl
50 g Maisstärke
4 Eigelb
2 Eier
8 EL Semmelbrösel
500 ml Pflanzenöl
1 EL gemahlener Zimt

1 Die Vanilleschote längs aufschlitzen und das Mark herauskratzen. Die Schote und das Mark mit der Milch, der Orangenschale, einer Prise Salz und 4 Esslöffeln Zucker langsam zum Kochen bringen. Vom Herd nehmen und etwas abkühlen lassen. Die Vanilleschote entfernen.

2 Die Butter zerlassen, das Mehl und die Maisstärke einrühren und kurz anschwitzen. Die Vanillemilch unter Rühren angießen. Bei kleiner Hitze einige Minuten zu einer dicklichen Creme aufkochen lassen. Vom Herd nehmen.

3 Die Eigelbe verquirlen und unter die Creme rühren.

4 Eine flache Form (ca. 20 x 20 cm) kalt ausspülen, den Pudding einfüllen und abkühlen lassen. Mit Frischhaltefolie abdecken und über Nacht im Kühlschrank ruhen lassen.

5 Den Pudding auf ein Brett stürzen, halbieren und jede Hälfte in vier Streifen schneiden. Die Eier verquirlen und in einen tiefen Teller geben. Die Semmelbrösel in einen zweiten tiefen Teller füllen.

6 Das Fett in der Fritteuse oder in einem hohen Topf auf 175 °C erhitzen. Die Puddingschnitten zuerst im Ei, anschließend in den Semmelbröseln wenden und portionsweise im heißen Fett frittieren. Kurz auf Küchenpapier abtropfen lassen.

7 Die Puddingschnitten auf vier Teller verteilen. Den restlichen Zucker mit dem Zimt vermischen und über die Puddingschnitten streuen.

Eine beliebte Süßspeise im Süden Spaniens. Dazu wird frisches Obst oder ein Glas Sherry serviert.

Schokonudeln mit Birnenkompott

Zubereitungszeit: 30 Minuten
Ruhezeit: 20 Minuten
Für 4 Personen

60 g gute Blockschokolade
3–4 EL Milch
300 g Mehl (z. B. Wiener Grießler)
2 Eier
Salz
500 g Birnen
Saft von 1 Zitrone
2 EL Butter
1 EL Puderzucker
2 EL Zimtzucker
50 g Pinienkerne

1 Die Schokolade raspeln. Die Milch erwärmen und die Schokolade in der Milch schmelzen. Anschließend vom Herd nehmen und etwas abkühlen lassen.
2 Das Mehl in eine Schüssel sieben und in die Mitte eine Mulde drücken.
3 Die Eier unter die Schokoladenmilch rühren und zum Mehl geben. Eine Prise Salz zufügen und zu einem geschmeidigen, festen Teig verkneten. Den Teig zu einer Kugel formen, in Frischhaltefolie wickeln und 1 Stunde im Kühlschrank ruhen lassen.
4 Die Birnen schälen, halbieren und entkernen. In schmale Spalten schneiden. Mit dem Zitronensaft beträufeln.
5 Die Butter in einer Pfanne zerlassen, den Puderzucker einrühren und karamellisieren lassen. Die Birnen samt Zitronensaft hinzufügen und bei mittlerer Hitze dünsten, bis sie weich, aber noch bissfest sind.
6 Den Nudelteig in zwei Portionen teilen und mit der Nudelmaschine schmale Bandnudeln herstellen. Die Nudeln zu Nestern aufwickeln und 10 Minuten trocknen lassen. Anschließend in leicht gesalzenem kochendem Wasser 3–5 Minuten garen.
7 Die Pistazienkerne in einer beschichteten Pfanne ohne Fett anrösten.
8 Die Nudeln portionsweise mit den Birnenspalten anrichten, mit Zimtzucker und den Pinienkernen bestreuen.

Ungewöhnlich, aber verführerisch lecker sind die süßen Schokoladennudeln, die nicht nur Kinder begeistern.

Quarksoufflé mit Erdbeersalat

Zubereitungszeit: 35 Minuten
Ruhezeit: 1 Stunde
Backzeit: 25 Minuten
Für 4 Personen

- 500 g Erdbeeren
- 5 EL feiner Zucker
- 2–3 EL Aceto balsamico
- 60 g Butter
- 30 g Mehl
- 250 ml Milch
- 1 Vanilleschote
- 3 Eier
- 200 g Quark
- 1 TL Arabian Coffee Spice (Gewürzmischung)
- Butter für die Form
- 1–2 EL Puderzucker

1 Die Erdbeeren waschen, sorgfältig abtropfen lassen und die Stiele entfernen. Die Früchte in feine Scheiben schneiden und in eine Schüssel geben. Mit 2 Esslöffeln Zucker bestreuen und den Aceto balsamico darüberträufeln. Zugedeckt 1 Stunde ziehen lassen.

2 Die Butter in einem Topf zerlassen, das Mehl einrühren und hell anschwitzen. Die Milch unter Rühren angießen und die Sauce zum Kochen bringen. Die Vanilleschote längs aufschneiden und das Mark herauskratzen. 2 Esslöffel Zucker, Vanilleschote und -mark in die Sauce geben. Bei kleiner Hitze 15 Minuten köcheln lassen, dabei öfter umrühren. Vom Herd nehmen und etwas abkühlen lassen. Den Backofen auf 200 °C (Umluft 180 °C) vorheizen.

3 Die Eier trennen. Eigelbe, Quark und Arabian Coffee Spice unter die Vanillesauce rühren. Die Eiweiße steif schlagen und mit einem Teigschaber unterheben.

4 Eine feuerfeste Auflaufform mit Butter ausstreichen und mit dem restlichen Zucker ausstreuen. Die Quarkmasse einfüllen, die Oberfläche glatt streichen. Im heißen Ofen ca. 25 Minuten backen.

5 Das Soufflé aus dem Ofen nehmen, mit Puderzucker bestäuben und sofort servieren. Den Erdbeersalat getrennt dazu reichen.

Soufflés sind wirklich filigrane Geschöpfe. Sie behalten ihre verlockende Form nur so lange, wie die in ihrem Inneren eingeschlossene Luft heiß ist.

Zwetschgenknödel

Zubereitungszeit: 1 Stunde 30 Minuten

Für 4 Personen

- 500 g mehligkochende Kartoffeln
- Salz
- 125 g Mehl
- 40 g Grieß
- 40 g zimmerwarme Butter
- 1 Eigelb
- 12 Zwetschgen
- 12 Stück Würfelzucker
- 100 g Butter
- 60 g Semmelbrösel
- 2 EL Puderzucker

1 Die Kartoffeln waschen und in leicht gesalzenem Wasser garen. Anschließend das Wasser abgießen und die Kartoffeln im heißen Topf ausdampfen lassen.

2 Die Kartoffeln schälen, noch warm durch die Kartoffelpresse in eine Schüssel drücken und auskühlen lassen.

3 Mehl, Grieß, die zimmerwarme Butter, das Eigelb und eine Prise Salz zu der Kartoffelmasse geben. Alles zu einem glatten Teig verarbeiten.

4 Den Teig auf einer bemehlten Arbeitsfläche zu einer dicken Rolle formen. Die Teigrolle in 12 Scheiben schneiden. Mit einem Küchentuch abdecken und etwas ruhen lassen.

5 Die Zwetschgen waschen, auf einer Seite längs einschneiden und den Kern entfernen. In jede Zwetschge 1 Stück Würfelzucker legen. Mit bemehlten Händen jeweils eine Teigscheibe flachdrücken und in die Mitte eine Zwetschge setzen. Den Teig darüber zusammenschlagen und zu einem Knödel formen. Die Früchte müssen vollständig vom Teig umhüllt sein.

6 In einem großen Topf leicht gesalzenes Wasser zum Kochen bringen. Die Knödel darin portionsweise bei kleiner Hitze ca. 5 Minuten gar ziehen lassen, nicht kochen. Sie sind fertig, wenn sie an die Oberfläche steigen. Dann mit einem Schaumlöffel herausheben und warm halten, bis alle Knödel fertig sind.

7 Die Butter in einer Pfanne zerlassen und die Semmelbrösel unter Rühren goldbraun rösten. Vom Herd nehmen.

8 Die Zwetschgeknödel in den Bröseln wenden und portionsweise anrichten. Vor dem Servieren mit dem Puderzucker überstäuben.

Pfirsich-Clafoutis

Zubereitungszeit: 30 Minuten
Backzeit: 40 Minuten
Für 4 Personen
750 g Pfirsiche
75 g Zucker
Salz
1 Vanilleschote
4 Eier
125 g Mehl
250 ml Milch
Butter für die Form
1 EL Puderzucker

1 Die Pfirsiche in kochendem Wasser kurz blanchieren. Mit dem Schaumlöffel herausheben und abtropfen lassen. Die Früchte enthäuten, halbieren, entkernen und in feine Spalten schneiden. Den Backofen auf 180 °C (Umluft 160 °C) vorheizen.

2 Den Zucker, eine Prise Salz und das ausgekratzte Mark der Vanilleschote mit den Eiern schaumig schlagen. Nach und nach das Mehl und die Milch unterrühren und den Teig so lange schlagen, bis eine glatte, schaumige Masse entstanden ist.

3 Eine feuerfeste Form mit Butter ausstreichen und die Hälfte der Teigmasse einfüllen. Die Pfirsichspalten kranzförmig darauf verteilen. Den restlichen Teig darübergeben und die Oberfläche mit einem Teigschaber glatt streichen.

4 Den Clafoutis im heißen Ofen ca. 40 Minuten backen, bis die Oberfläche goldbraun ist und sich fest anfühlt.

5 In der Form etwas abkühlen lassen. Mit Puderzucker bestäuben und noch warm servieren.

Der Clafoutis ist ein traditionelles Dessert aus dem französischen Limousin. Er ist eine Mischung aus Kuchen und Auflauf und wird auch mit Kirschen, Aprikosen oder Weintrauben zubereitet.

Kirschenplotzer

Zubereitungszeit: 25 Minuten
Backzeit: 45 Minuten

6 Weizenbrötchen vom Vortag
200 ml heiße Milch
200 ml Rotwein
1 kg Sauerkirschen
125 g Butter
150 g Zucker
4 Eier
3 EL gemahlene Haselnüsse
2 EL Semmelbrösel
1 TL Zimtpulver
abgeriebene Schale von
1 Bio-Zitrone
6 cl Kirschwasser
Salz
60 g Butter
2 EL Puderzucker

1 Die Brötchen in dünne Scheiben schneiden, mit der heißen Milch und dem Rotwein übergießen und 15 Minuten quellen lassen.

2 Die Kirschen waschen und entkernen. Den Backofen auf 220 °C (Umluft 200 °C) vorheizen.

3 Die Eier trennen. Die Butter und den Zucker schaumig schlagen und die Eigelbe unterrühren. Die ausgedrückten Brötchen, Haselnüsse, Semmelbrösel, Zimt, Zitronenschale und Kirschwasser zugeben und alles gut vermengen.

4 Die Eiweiße mit einer Prise Salz steif schlagen und unter den Teig heben. Die Kirschen untermischen.

5 Eine Backform mit Butter ausstreichen und die Teigmasse hineingeben, die Oberfläche glatt streichen. Die restliche Butter in kleinen Flöckchen daraufsetzen.

6 Im heißen Ofen ca. 45 Minuten backen. Noch lauwarm aus der Form stürzen und mit dem Puderzucker überstäuben.

Eine köstliche Resteverwertung, die in vielen Regionen Deutschlands bekannt ist: als Kirschenplotzer, Kirschenjockel oder Kirschenmichel. Egal, wie die Süßspeise auch heißt, sie wird immer mit Vanillesauce serviert.

Karamellisierter Apfelschmarrn

Zubereitungszeit: 40 Minuten
Für 4 Personen

- 250 g Mehl (Wiener Grießler)
- 6 Eier
- 350 ml Milch
- Salz
- abgeriebene Schale von einer ½ Bio-Zitrone
- 2 Bio-Äpfel
- 200 ml Weißwein
- 100 g Butter
- 3 EL Zucker
- 3 EL Rosinen
- 2 EL Mandelstifte
- Puderzucker zum Bestreuen

1 Das Mehl mit den Eiern und der Milch zu einem glatten Teig verrühren. Eine Prise Salz und den Zitronenabrieb unterrühren und den Teig 20 Minuten quellen lassen.

2 Die Äpfel schälen, vierteln und entkernen. Die Apfelviertel in feine Scheiben schneiden. Mit dem Weißwein in einen Topf geben und ca. 5 Minuten dünsten. Die Äpfel sollen weich, aber noch bissfest sein. Mit dem Schaumlöffel aus dem Weinsud heben und sorgfältig abtropfen lassen.

3 3 Esslöffel Butter in einer großen Eisenpfanne bei mittlerer Hitze zerlassen. Den Teig auf einmal hineingießen und goldbraun backen. Sobald die Unterseite gebräunt ist, den dicken Pfannkuchen wenden und auf der zweiten Seite bei kleiner Hitze ebenfalls goldbraun backen.

4 Die restliche Butter in einem kleinen Pfännchen zerlassen.

5 Den Pfannkuchen mit zwei Gabeln in mundgerechte Stücke zerreißen. Die gedünsteten Äpfel, die Rosinen und die Mandelstifte dazugeben, mit dem Zucker bestreuen und mit der flüssigen Butter begießen. 1–2 Minuten weiterbacken, bis der Zucker karamellisiert.

6. Den Apfelschmarrn dick mit Puderzucker bestäuben und sofort servieren.

Die Geburtsstadt des Kaiserschmarrns ist Wien. So will es zumindest die Legende. Er soll die Leibspeise des österreichischen Kaisers Franz Joseph I. gewesen sein.

Süße Pastete mit Grieß und Rosinen

Zubereitungszeit: 30 Minuten
Backzeit: 45 Minuten
Für 4 Personen

1 Vanilleschote
750 ml Milch
200 g Sahne
200 g Zucker
100 g Weizengrieß
75 g Rosinen
Salz
abgeriebene Schale von
1 Bio-Zitrone
1 TL Arabian Coffee Spice (Gewürzmischung)
125 g Butter
300 g Filoteigblätter
4 Eier
100 g grob gehackte Mandeln
Salz

1 Die Vanilleschote längs aufschlitzen. Die Schote und das Mark mit Milch, Sahne und 100 g Zucker langsam zum Kochen bringen. Anschließend die Schote entfernen.

2 Den Grieß in die Vanillemilch einrieseln lassen und die Rosinen zufügen. Mit einer Prise Salz, dem Zitronenabrieb und Arabian Coffee Spice würzen und bei kleiner Hitze ca. 10 Minuten köcheln lassen, dabei häufig umrühren.

3 Den Grießbrei vom Herd nehmen und etwas abkühlen lassen. Den Backofen auf 220 °C (Umluft 200 °C) vorheizen.

4 Die Butter zerlassen. Eine quadratische Auflaufform mit etwas Butter ausstreichen und so mit den Teigblättern auslegen, dass sie über den Rand hinaushängen. Die Teigblätter großzügig mit Butter bestreichen.

5 Die Eier trennen. Die Eigelbe mit dem restlichen Zucker zu einer Creme aufschlagen. Mit den Mandeln unter den Grießbrei rühren.

6 Die Eiweiße mit einer Prise Salz steif schlagen und unter den Grieß heben. Auf die Teigblätter geben und glatt streichen. Die Teigblätter über der Füllung zusammenschlagen und mit der restlichen Butter beträufeln.

7 Die Pastete im heißen Ofen ca. 45 Minuten goldgelb backen. In der Form abkühlen lassen.

Süßer Couscous mit Stachelbeersauce

Zubereitungszeit: 30 Minuten
Garzeit: 25 Minuten
Für 4 Personen

250 g Couscous
750 g Stachelbeeren
150 g Zucker
2 EL Sultaninen
75 g Mandelstifte
75 g entkernte getrocknete Datteln
75 g entkernte getrocknete Aprikosen
75 g entkernte getrocknete Süßkirschen
50 g Butter
2 EL Thymianhonig
1 EL Orangenblütenwasser

1 Den Couscous in eine flache Schale streuen und mit 150 ml heißem Wasser befeuchten. 20 Minuten ausquellen lassen, dabei öfter mit den Fingerspitzen durchmischen.

2 Die Stachelbeeren waschen und putzen. Die Beeren mit 250 ml Wasser und dem Zucker einmal aufkochen lassen und zugedeckt bei kleiner Hitze 10 Minuten köcheln lassen. Vom Herd nehmen, mit dem Stabmixer pürieren und abkühlen lassen.

3 Die Mandeln in einer beschichteten Pfanne ohne Fett goldgelb rösten.

4 Die getrockneten Früchte in kleine Würfel schneiden. Die Mandeln und die Früchte unter den Couscous mischen. Alles in ein feines Sieb geben.

5 In einem Topf 2 Liter Wasser zum Kochen bringen. Das Sieb so über den Topf legen, dass es im Dampf hängt, aber das Wasser nicht berührt. Das Sieb mit einem Deckel oder mit Alufolie gut verschließen und den Couscous im Dampf 25 Minuten garen.

6 Den Couscous in eine Schüssel umfüllen und die Butter in Flöckchen untermischen. Auf eine vorgewärmte Platte häufen, mit Honig und Orangenblütenwasser beträufeln und mit Stachelbeersauce umgießen.

Couscous ist in ganz Nordafrika ein Nationalgericht. Es gibt unzählige Variationen mit Gemüse, Fisch, Fleisch, scharfen Lammwürsten oder getrockneten Früchten.

Scheiterhaufen

Zubereitungszeit: 30 Minuten
Backzeit: 40 Minuten
Für 4 Personen

5 Weizensemmeln vom Vortag
100 g Sultaninen
500 g säuerliche Äpfel
1 TL Butter
100 g gehackte Mandeln
500 ml Milch
200 g Schlagsahne
6 Eier
abgeriebene Schale von
1 Bio-Zitrone
100 g Zucker
1 TL Zimtpulver
½ TL gemahlener Kardamom
3 EL Butter

1 Die Semmeln in dünne Scheiben schneiden. Die Sultaninen in ein Sieb geben, mit heißem Wasser überbrühen und abtropfen lassen.

2 Die Äpfel schälen, halbieren, entkernen und in feine Scheiben schneiden.

3 Eine feuerfeste Form (Inhalt 1,5 l) mit Butter ausstreichen. Die Brötchen- und Apfelscheiben in Schichten einfüllen. Jede Lage mit Mandeln und Sultaninen bestreuen. Den Backofen auf 220 °C (Umluft 200 °C) vorheizen.

4 Die Milch und die Sahne einmal aufkochen lassen. Vom Herd nehmen. Die Eier verquirlen und mit Zitronenabrieb, Zucker, Zimt und Kardamom unter die Sahnemilch rühren. Über das Brot und die Äpfel gießen. Die Butter in Flöckchen daraufsetzen.

5 Im heißen Ofen ca. 40 Minuten goldbraun überbacken. In der Form auftragen.

In Österreich, Tschechien und der Slowakei wird aus alten Brötchen ein süß-saftiger Auflauf. Er schmeckt am besten mit fruchtigem Kompott.

Register

* Vegane Rezepte

Lizenzausgabe
Originaltitel: Freitags nie!

ISBN: 978-3-7088-0659-4

Lobkowitzplatz 1
A-1010 Wien
www.kneippverlag.com

1. Auflage, September 2015

Autorin: Ingeborg Pils
Fotografie und Foodstyling: Joerg Lehmann
Visuelle Gesamtkonzeption und Satz: Elisabeth Petersen, München
Covergestaltung: Emanuel Mauthe, Extraplan Wien

Druck: Theiss GmbH, A-9431 St. Stefan
Printed in Austria